Exemp. du dépot
dans la Brochure.

LA SÉDUCTION

DU MÊME AUTEUR :

DROIT ET PROBITÉ

CAUSERIES FAMILIÈRES

SUR

NOS DEVOIRS ET NOS DROITS

Un volume in-12 . . . . 3 fr. 50

MANUEL

DU

CITOYEN FRANÇAIS

(Édition populaire de *Droit et Probité*)

Un volume in-18. . . . . 2 fr. 50

LA
SÉDUCTION

PAR

ALBERT MILLET

AVOCAT

« *Il faut une loi contre la séduction.* »
E. LEGOUVÉ.

PARIS

A. COTILLON & Cⁱᵉ ÉDITEURS,

Libraires du Conseil d'État,

24, RUE SOUFFLOT, 24.

1876

AVANT-PROPOS

A la vue des plaies sociales causées par les méfaits des séducteurs, un moraliste s'est écrié :

« Il faut une loi contre la séduction. — Quelle forme revêtira cette loi ? Accordera-t-elle une action à la fille séduite ? Frappera-t-elle seulement le séducteur ? Permettra-t-elle la recherche de la paternité ? Il ne m'appartient pas de le décider; mais ce qui est certain, c'est qu'elle existera : car il est impossible qu'une société vive avec un tel cancer au cœur; les politiques comme les moralistes, les statisticiens comme les philosophes, les médecins, les administrateurs, les fonctionnaires de l'Etat comme les penseurs, tous stigmatisent avec indignation cette doctrine fatale de l'impunité.

« L'impunité assurée aux hommes double le nombre

des enfants naturels; or, la moitié des voleurs et des meurtriers sont des enfants naturels. — L'impunité nourrit le libertinage, énerve la race, bouleverse les fortunes et flétrit les enfants. — L'impunité alimente la prostitution; or la prostitution détruit la santé publique et fait un métier de la paresse et de la licence. — L'impunité, enfin, livre la moitié de la nation en proie aux vices de l'autre : sa condamnation est dans ce seul mot. »

Ainsi s'exprimait M. Legouvé, il y a quelques années, dans l'HISTOIRE MORALE DES FEMMES. D'autres écrivains, non moins célèbres, ont critiqué, sur ce point, la loi française; et nous-même, — si parva licet componere magnis, — en étudiant dans un précédent ouvrage (1) les principes fondamentaux de notre Droit national, nous partagions l'avis de ces éminents publicistes; nous pensions, avec eux, qu'il existait une lacune regrettable dans notre législation ; nous disions que les séducteurs devaient être responsables devant la justice de leur pays, et que la loi, en gardant un silence complaisant, en témoignant trop de tolérance à l'égard de vrais coupables, encourageait tacitement des actes répréhensibles et favorisait, sans y prendre garde, l'accroissement des désordres sociaux.

(1) Manuel du citoyen français.

Depuis lors, une grave affaire a vivement passionné l'opinion publique. Un père, voyant sa fille séduite par un Lovelace vulgaire, s'est armé d'un poignard et a frappé ce libertin, qui refusait d'épouser sa victime, après l'avoir rendue mère.

Le séducteur n'est pas mort ; mais on s'est ému à la vue du sang versé. On a commenté, discuté, avec ardeur, cette tentative de meurtre. Les journalistes ont livré ce drame à tous les bruits de la publicité. D'aucuns, sachant que la loi, en France, ne punissait pas la séduction, se sont demandé si Marambat avait eu tort de se faire justice lui-même. Un écrivain en renom a taillé sa plume académique pour défendre ce malheureux père et lancer, contre les séducteurs, les traits acérés de son indignation.

A la cour d'assises, Marambat a déclaré hautement qu'il avait eu l'intention de tuer le séducteur de sa fille, et, après cet aveu sincère, le jury l'a acquitté, aux applaudissements de l'auditoire !...

Au milieu du tapage suscité par cette affaire criminelle, des jurisconsultes, recueillis dans le silence de la méditation, se sont demandé si le séducteur pouvait être traité comme un coupable et devait être légalement frappé par le glaive de la justice.

La question s'est élevée, en quelque sorte, à la hauteur d'une thèse sociale. Le moment est venu, ce nous semble, d'examiner s'il faut, en France, une loi contre la séduction — et quelle doit être cette loi.

Afin de mieux élucider le problème juridique que nous venons de poser, nous jetterons un rapide coup d'œil sur les anciennes législations, et nous parcourrons ensuite les lois qui nous régissent actuellement ; puis, après avoir vu ce qui se passe chez nous — et chez nos voisins — en matière de séduction, nous chercherons le moyen rationnel de combler les lacunes qui peuvent exister, à cet endroit, dans l'arsenal de nos codes.

Notre essai sur la Séduction se trouvera donc logiquement divisé en trois chapitres principaux : Passé, — Présent, — Avenir. Un quatrième chapitre sera particulièrement consacré aux Objections que peut soulever la question, intéressante et délicate, qui fait l'objet de cette étude.

I

LE PASSÉ

---

§ 1.

ANCIENNES LOIS

Coup d'œil sur le passé. — La femme et la jeune fille. — La
séduction chez les Juifs. — Loi de Moïse. — La séduction chez
les Germains. — Pouvoir absolu du père outragé. — La
séduction chez les Romains. — Une sage distinction.

Lorsqu'on jette un regard philosophique sur le
passé, lorsqu'on examine les lois et les mœurs de
l'antiquité, on se sent porté à plaindre le sort de
« la plus belle moitié du genre humain. » La femme,
chez la plupart des peuples, paraît frappée d'une
sorte de déchéance sociale. Les saintes lois du mariage sont presque partout méconnues ; la femme

vit, généralement, dans la corruption du concubinage ou dans la promiscuité de la polygamie : ce
n'est plus alors la compagne de l'homme, c'est son
esclave !

En voyant la femme tombée dans un tel abais-
sement, on dirait que, fille d'Ève, elle devait encourir, pendant des siècles, les dures conséquences
d'une chute originelle; on dirait vraiment qu'elle
était condamnée à expier cette faute jusqu'au jour
de la Rédemption, — jusqu'au jour où le christianisme, jetant sur les ruines païennes les bases
d'une morale divine, devait remplacer le despo-
tisme par la liberté, l'esclavage par l'égalité,
l'égoïsme par la charité, puis devait, pour relever
la femme, sanctifier l'union conjugale et faire de la
virginité une vertu sublime !...

Cependant, alors même que la *femme* était cour-
bée sous le joug des anciennes institutions, la
jeune fille, — il faut le reconnaître, — était, dans
maints pays, placée sous la protection des lois. La
vierge, même avant la religion chrétienne, était
entourée déjà d'une auréole, — témoin les vesta-
les, — et, chez presque tous les peuples qui ont
ouvert la voie de la civilisation, la jeune fille (*virgo*)
apparaissait, aux yeux des législateurs, comme la
plus belle image de la pureté; on la regardait
comme une chaste créature qui devait imposer le
respect, comme une enfant sans tache qui devait
être soigneusement éloignée de toute souillure.

Aussi, les actes honteux qui heurtaient l'innocence ou blessaient la pudeur d'une adolescente étaient généralement atteints de peines rigoureuses ; et la séduction, en particulier, était sévèrement réprimée par les lois antiques.

Ouvrons la Bible, si vous voulez, et, — sans remonter jusqu'au déluge, — voyons quelle était la loi du peuple juif.

Moïse n'avait pas omis de punir les attentats qui pouvaient effleurer la vertu des jeunes filles.

Voici comment s'exprime le Deutéronome, cinquième livre du Pentateuque :

« Si un homme trouve dans un champ une fille, qui est fiancée et que, lui faisant violence, il la déshonore, il sera lui seul puni de mort. (*Ipse morietur solus.*) La fille ne souffrira aucune peine, et elle ne mérite pas la |mort, parce que de même qu'un voleur s'élevant contre son frère lui ôte violemment la vie, de même le séducteur a fait subir à cette fille une violence coupable.

« Elle était seule dans un champ ; elle a crié, et personne n'est venu pour la délivrer.

« Si un homme trouve une fille vierge, qui n'a point été fiancée et que, lui faisant violence, il la déshonore, les juges, ayant pris connaissance de cette affaire, condamneront celui qui l'a déshonorée à donner au père de la fille cinquante sicles d'argent et il la prendra pour femme, puisqu'il l'a humiliée ; et il ne pourra jamais la répudier » (1).

» Si quelqu'un séduit une vierge qui n'est point fiancée, et qu'il dorme avec elle, il sera obligé de la doter et de la prendre pour femme. — Si le père de la jeune fille refuse de la lui donner, il donnera autant d'argent qu'on en donne pour la dot des filles » (2).

Les Germains étaient plus sévères : un simple outrage fait à une vierge entraînait des peines pécuniaires. L'homme qui se permettait de toucher la main d'une jeune fille devait payer six cents deniers ; celui qui lui touchait le bras, douze cents ; celui qui lui touchait le sein, dix-huit cents. Dénouer seulement les cheveux d'une femme libre était un acte répréhensible qui était frappé d'une amende considérable.

La séduction, voire même la tentative de séduction était considérée comme un crime ; l'homme qui avait tenté de séduire une fille était livré au père de la jeune fille outragée ; — et le père avait alors le pouvoir absolu de disposer, à son gré, du séducteur (3).

Les Romains, qui avaient le sentiment inné du

(1) *Deut.* xxii. 25. 26. 27. 28. 29.
(2) *Exod.* xxii. 17.
(3) *Histoire morale des femmes*, p. 63.

droit, avaient établi, en cette matière, une sage distinction : ils ne punissaient pas — et avec raison — la simple *fornicatio*, c'est-à-dire un commerce volontaire avec des filles ou veuves majeures, qui avaient une conduite légère. *Fornicatio simplex de jure civili non est prohibita*, disaient les jurisconsultes. Le législateur voyait là un mal difficile à combattre, et il tolérait, comme on « tolère » aujourd'hui, un fait qui est assurément immoral, mais qui ne peut tomber dans le domaine de la loi positive. La *fornicatio* ne servait pas même de base à une action en dommages-intérêts. A proprement parler, il n'y avait point là de séduction, et partant point de victime. Les deux parties, cédant à un entraînement réciproque, avaient consenti librement, sans violence physique, sans contrainte morale, à avoir ensemble des relations intimes ; or, disaient les juristes de Rome, *scienti et consentienti non fit injuria, neque dolus.*

Le *stuprum*, au contraire, était rigoureusement puni par la loi romaine. Aussi bien, la différence était sensible : il ne s'agissait plus là d'un rapprochement éphémère avec des courtisanes ou des femmes complaisantes ; il ne s'agissait plus de relations volontaires avec des filles majeures, non ! il s'agissait d'une séduction véritable, — de la séduction d'une jeune fille ou d'une veuve parfaitement honnête, qui avait été entraînée au mal et trompée par un libertin. Un tel acte était considéré comme délictueux. *Stupri flagitium punitur cùm quis, sine vi, vel virginem, vel viduam honestè viventem stupraverit.* Ce délit était même considéré comme tellement grave, qu'il entraînait ou la confiscation de la moitié des biens, ou une peine afflictive, suivant que le séducteur était de telle ou telle condition. (*Instit. L. 4. De public. jud. § 4.*)

§ 2.

ANCIEN DROIT FRANÇAIS

Les femmes chez les Francs. — Sévérité de Childebert. — Le
droit canonique. — La coutume de Bretagne. — La déclaration de 1730. — Le rapt de séduction. — Le rapt de violence.
— Circonstances aggravantes. — Un séducteur pendu. —
Recherche de la paternité. — Un singulier adage. — L'avocat-
général Servan. — L'œuvre de la Révolution. — Charybde
et Scylla.

Après la chute de l'empire romain, les Francs,
établis dans les Gaules, jetèrent les bases de la civilisation moderne : ils étaient la tête du monde
nouveau et semblaient diriger le mouvement du
progrès.

Chez les Francs, la femme était respectée : elle
était, il est vrai, assez durement traitée; elle devait se livrer aux pénibles travaux des champs et
pourvoir à la subsistance de la famille; elle était
dans une situation très-subalterne vis-à-vis du
mari, qui était maître dans son royaume domestique; mais elle n'était pas plongée dans cet état
d'avilissement qu'on pouvait observer chez les peu-

ples barbares. Le Franc aimait sa compagne, la respectait et, au besoin, la faisait respecter; il lui demandait conseil; il la consultait volontiers avant de commencer une entreprise.

Les mœurs en général étaient pures; les femmes avaient une légitime influence : ce furent elles qui, sous Clovis, à l'aurore du Christianisme, firent connaître à leurs époux les lumières de l'Evangile; ce furent elles qui propageant les saines traditions de la religion nouvelle, adoucirent les mœurs des farouches conquérants; ce furent elles qui, plus tard, grâce à leur vertu, à leur générosité, à leur grandeur d'âme, surent inspirer aux hommes les plus nobles sentiments et les plus belles actions. Les « chevaliers » juraient alors de protéger, d'honorer, de respecter les femmes, et, les entourant sans cesse d'une platonique vénération, ils n'avaient garde d'oublier leur serment.

Il ne faut donc pas s'étonner si, chez nos ancêtres, les outrages et les attentats commis contre les femmes étaient punis avec une implacable sévérité.

Childebert, dans une de ses constitutions, s'exprimait ainsi : « Qu'aucun de nos grands, après avoir commis un rapt, ne pense nous fléchir; mais qu'il soit poursuivi comme un ennemi de Dieu, quel que soit le bourg où il se trouve; que le juge du lieu assemble des hommes d'armes et le tue;

s'il se réfugie dans une église, que l'évêque le livre et qu'on le tue ! »

Plus tard, la loi canonique punit avec rigueur la séduction. Aux termes de cette loi, le séducteur était condamné ou à épouser la fille séduite, ou à lui donner une dot, si le père ne consentit pas à l'accepter pour gendre; et si le coupable ne remplissait pas l'une ou l'autre de ces conditions, il était frappé de verges ; il était ensuite excommunié et enfermé dans un monastère pour y subir une peine perpétuelle.

Toutefois, cet usage, qui s'était maintenu dans plusieurs provinces de la France, ne tarda pas à causer de nombreux abus. Cette coutume, enfantée par le Droit canon, fut abolie par une Déclaration du 22 novembre 1730.

L'article 497 de la Coutume de Bretagne condamnait *à mort* ceux qui avaient « suborné » des enfants mineurs de vingt-cinq ans, sous prétexte de mariage ou autrement. En conséquence, on punissait non-seulement les individus qui avaient enlevé des mineurs, à l'insu de leurs parents, mais encore ceux qui avaient eu un « commerce illicite » avec une jeune fille ; et l'on donnait alors un si grand avantage au sexe faible que la seule plainte de la fille et la preuve d'une simple fréquentation étaient regardées comme un motif suffisant pour faire condamner l'accusé au dernier supplice ! — On reculait cependant devant cet excès de rigueur lorsque la fille séduite demandait à épouser son « subornour. » Si celui-ci préférait le mariage à la mort — et il devait souvent le préférer ! — un commissaire du Parlement le conduisait à l'église, les fers aux mains ; et là, sans publication de bans, sans le consentement du curé, sans la permission de l'évêque, on procédait au mariage par la seule autorité des juges séculiers (1).

Ce singulier usage fut aboli par la Déclaration de 1730, enregistrée au Parlement de Rennes.

Mais il faut se garder de croire que cette Déclaration, en abolissant ces anciennes coutumes, permettait à tous les séducteurs de se jouer impunément des femmes ! Ce serait là une profonde erreur. Cette ordonnance, — plus rigoureuse que la loi romaine, — atteignait même la *fornicatio*: les personnes reconnues coupables d'avoir entretenu un *commerce illicite*, étaient condamnées, suivant les cas, à diverses peines, qui généralement consistaient en « aumônes » et dommages-intérêts. Mais lorsqu'il s'agissait de la *séduction* d'une fille ou femme honnête, et, lorsque cette séduction était accompagnée d'intrigues frauduleuses, de manœuvres criminelles, le coupable était frappé de peines rigoureuses (2).

(1) Guyot. *Recueil de Jurisprudence*, v° Rapt, p 484 (édition de 1783).

(2) Muyard de Vouglans. *Lois criminelles*, p, 212. — Fournel, p. 301.

Lorsque la séduction était aggravée par certaines circonstances, lorsqu'elle était suivie d'enlèvement, par exemple, elle pouvait entraîner la peine capitale. Ce crime, dans l'ancien droit, s'appelait *rapt de séduction*. La Déclaration de 1730, — d'accord en cela avec l'ordonnance de Blois, — punissait très-sévèrement le rapt de séduction. Ce crime consistait dans le fait d'avoir séduit et suborné « par artifices, intrigues ou mauvaises voies » des filles, ou même des veuves, mineures de vingt-cinq ans, pour parvenir à un mariage, *à l'insu ou sans le consentement des pères, mères ou tuteurs* (1).

Le rapt de séduction était, on le voit, un attentat à l'autorité des parents, attentat dont le but principal était de contracter avec un enfant de famille un mariage avantageux, contre le gré ou à l'insu de ses père et mère. Ce crime avait donc pour mobile l'ambition ou la cupidité, plutôt que la passion ou la volupté. Aussi bien, quel que fût le but du coupable, l'attentat contre l'autorité paternelle aggravait singulièrement la séduction.

Rigoureusement, le ravisseur ne pouvait échapper à la peine de mort. — Mais les juges commençaient à avoir le sentiment des « circonstances atténuantes, » car la chronique judiciaire nous apprend que la peine capitale était appliquée seu-

(1) Le rapt de séduction pouvait s'appliquer aux mineurs des deux sexes ; mais, d'ordinaire, les jeunes filles en étaient seules victimes.

lement lorsque le ravisseur avait eu recours à des moyens « abominables. »

Quand la force brutale avait été employée par le ravisseur, les juges étaient inexorables ; le *rapt de violence* était toujours puni du dernier supplice.

D'autres circonstances pouvaient donner à la séduction un caractère de gravité exceptionnelle : lorsque le coupable avait quelque autorité sur la fille séduite, lorsqu'il était son tuteur, par exemple, son médecin, son précepteur ou son maître, il pouvait être puni de mort.

En voici un exemple :

Un professeur, Louis La Bruyère de Maillac, convaincu de séduction « en la personne d'une fille mineure, » son écolière, fut condamné à mort par arrêt du Parlement de Paris, du 20 avril 1758. L'arrêt fut exécuté : le coupable fut pendu et « étranglé. »

On voit par là que notre ancien Droit était vraiment sévère à l'endroit des séducteurs !

Ce n'est pas tout : le droit coutumier admettait, comme règle générale, la *recherche de la paternité.*

Une fille séduite n'avait pas seulement le droit de former contre son séducteur une action criminelle appelée *plainte en gravidation,* elle pouvait en outre intenter une action civile et se faire allouer « les frais de gésine, » et une prestation d'aliments pour l'enfant. Chose assez remarquable, la déclaration faite par une fille, au milieu des douleurs de l'enfantement, était admise sans conteste comme l'expression sincère de la vérité ; et les jurisconsultes du temps avaient inventé ce singulier adage : *Creditur virgini parturienti.*

Malheureusement cette maxime était beaucoup trop absolue : elle laissait le champ libre à la mauvaise foi et à l'impudence. Aussi vit-on nombre de filles-mères qui osaient mentir, — même en présence de la sage-femme ! Les abus scandaleux qui s'ensuivirent, au XVIIIe siècle, excitèrent la verve et enflammèrent l'éloquence d'un honorable magistrat. L'avocat-général Servan, dans un discours retentissant, demanda — non point l'interdiction de la recherche de la paternité, — mais du moins l'abandon d'une maxime qui favorisait souvent le vice, sous prétexte de protéger les défaillances de la jeunesse.

« En vertu de cette maxime rigoureuse, disait l'avocat-général, on condamne un citoyen sans l'entendre ; on le condamne sur la déposition d'un seul témoin, qui dépose sur ses propres intérêts, on le condamne pour un délit si secret par sa nature que cette unique déposition ne peut être ni confirmée, ni combattue par aucune autre. Ah ! quel est donc le témoin à qui sont accordés des priviléges qui eussent honoré le vertueux Caton ? C'est une fille convaincue de faiblesse et pour le moins soupçonnée de licence; on nous donne pour garant de sa conduite une pudeur qu'elle n'a plus, et parce qu'elle a trahi ses plus chers intérêts, on prétend qu'elle ne saurait violer ceux des autres!»

Puis, parlant des abus auxquels avait donné lieu cet adage juridique, il s'écriait :

« Que ne m'est-il permis, Messieurs, de vous révéler les abus énormes que l'adoption de cette maxime — *creditur virgini parturienti* — renouvelle tous les jours! Si je ne craignais de mêler le ridicule à la gravité de notre ministère, je dirais qu'on a vu plus d'une fois de jeunes débauchées se faire un jeu de rejeter le fruit de leurs vices sur des hommes irréprochables, sur des ecclésiastiques pieux et respectés; la prélature même n'a pas été exempte de ces attentats!

« A la vue de ce spectacle inouï, où, par les plus bizarres contrastes, on voyait un homme grave et sage, accablé, confus de tenir dans ses bras l'enfant d'une prostituée qui l'en proclamait le père aux yeux de la justice; à la vue de ces scènes scandaleuses, vous dirai-je que tous les honnêtes gens gémissaient et tremblaient pour eux-mêmes, tandis que le libertinage seul osait rire? Ah! quelle est la vertu si ferme qui puisse se croire à l'abri des accès de folie d'un libertin et de la vénalité d'une fille? Quel est le magistrat, l'homme public qui ne pourrait être victime de sa propre maxime? »

Ces plaintes étaient fondées, et la fameuse maxime, ainsi battue en brèche, ne tarda pas à tomber en désuétude.

Inutile de pousser plus loin nos études rétrospectives; on voit, par ce rapide aperçu, que, sous l'empire de notre ancien droit, la séduction était sévèrement punie et que, de plus, la recherche de la paternité était admise d'une manière générale.

Nous avouerons sans peine qu'il y avait, dans l'ancienne loi, une pénalité excessive et une règle trop absolue. Certes, le législateur a le devoir de protéger les jeunes filles honnêtes et d'améliorer la situation des enfants naturels; il ne doit pas cependant exagérer son zèle et étendre trop loin sa sollicitude; les hommes « irréprochables » méritent, eux aussi, d'être protégés, et la loi doit les garantir contre de scandaleuses réclamations.

Il y avait donc autrefois, un excès de sévérité à l'égard des séducteurs ; mais la Révolution pencha, selon nous, vers un excès inverse : la loi de 1791 devint trop indulgente. Nos pères, accomplissant leur grande œuvre, s'efforçaient alors d'effacer les erreurs de l'Ancien régime; mais, en voulant déraciner tous les abus du passé, ils semèrent, sans y prendre garde, le germe de nouveaux abus.

On tomba — comme nous le verrons plus tard — de Charybde en Scylla.

II

LE PRÉSENT

§ 1

LOI PÉNALE

Le viol et l'attentat à la pudeur. — Une lacune. — Progrès de
notre législation. — Rejet d'un amendement. — La loi
de 1803. — L'enlèvement de mineurs. — Autre lacune. —
Corruption des mineurs; excitation à la débauche. — Satisfaction des *passions personnelles*. — Séduction des filles mineures. — Séduction suivie d'enlèvement. — Ce que peut faire
impunément un libertin !

Le Code pénal qui nous régit aujourd'hui est le
code de 1810, modifié en plusieurs points par
quelques lois ultérieures.

Tout d'abord, il faut reconnaître que le législateur a réprimé avec énergie, non seulement le
viol, mais tous les *attentats à la pudeur* tentés ou
consommés sur des enfants.

« Le plus grand des attentats qui puissent outrager les mœurs est celui qui emploie la force et
l'audace contre la faiblesse et la pudeur, qui anéan-
tit la liberté dans son plus doux exercice, et rend
la personne complice, bien que le cœur reste innocent. » Ainsi s'exprimait le rapporteur du Code
pénal devant le Corps législatif.

Toutefois, il faut se garder de croire que le viol
et l'attentat à la pudeur étaient très-rigoureuse-
ment punis, au commencement du siècle. Le
législateur de 1810 était moins sévère, en somme,
que celui de 1832 ou de 1863. Notre code criminel a subi diverses métamorphoses, en cet endroit, et il est, ce nous semble, intéressant de
suivre, au début de cette étude, les progrès de
notre législation.

*
* *

L'article 331 du Code pénal de 1810 était ainsi
conçu : « Quiconque aura commis le crime de *viol*,
ou sera coupable de tout autre attentat à la pudeur,
consommé ou tenté *avec violence*, contre des individus de l'un ou de l'autre sexe, sera puni de la
réclusion. » Et l'article 332 ajoutait : « Si le crime a
été commis sur la personne d'un enfant au dessous
de l'âge de *quinze ans* accomplis, le coupable subira la peine des travaux forcés à temps. »

Le viol, à cette époque, était donc puni seule-

ment de la réclusion, (1) et l'attentat à la pudeur
n'était puni que s'il était accompagné de violence,
de sorte que l'attentat exercé *sans violence* échap-
pait à la répression ! de sorte que les plus immondes libertins pouvaient, s'ils n'employaient pas la
force, souiller impunément les plus jeunes enfants!
C'était scandaleux. Il y avait évidemment une lacune dans la loi pénale, et cette lacune énorme
subsista pendant vingt-deux années !...

En effet, ce fut seulement en 1832 que le législateur, alarmé, vint réparer cet incroyable oubli,
en remplaçant l'ancien article 331 par la disposition suivante :

« Tout attentat à la pudeur, consommé ou tenté
sans violence sur la personne d'un enfant de l'un
ou l'autre sexe, âgé de moins de *onze ans*, sera
puni de la réclusion. »

Onze ans ! C'était protéger uniquement la plus
tendre enfance. Ne pouvait-on pas reculer cette
limite d'âge ?....

Quelques députés proposèrent, en 1832, de protéger les enfants jusqu'à l'âge de *quinze ans*. Cet
amendement était ainsi motivé : « On a voulu punir l'effet de la séduction, si facile sur un individu
qui n'est pas à même d'apprécier toute l'immora-

(1) Plus tard le viol a été puni des travaux forcés à temps'
Loi de 1832).

lité de l'action à laquelle on lui propose de se soumettre. Eh bien ! cette *séduction* n'est-elle pas à
peu près aussi à craindre sur un enfant au-dessous
de quinze ans que sur celui au-dessous de onze ? »
Cette proposition était aussi prudente que judicieuse ; pourtant elle ne fut pas accueillie par la
Chambre législative. En rejetant cette proposition,
les députés ont pensé sans doute qu'une enfant de
douze ans pouvait comprendre tous les artifices
du libertinage et était capable de résister aux
entreprises d'un séducteur audacieux. — Quelle
erreur !

Cependant, on ne tarda pas à s'apercevoir que
les vierges de douze ans n'opposaient pas une vic-
torieuse résistance aux tentatives des libertins.
Les attentats à la pudeur augmentaient sans cesse.
Nombre de petites filles étaient souillées ! On s'en
émut — trente ans après !

En 1863, lors de la révision du code pénal, le
législateur fut frappé de cette déplorable recrudes-
cence ; et, on voyant tous les ravages de la débauche, il recula jusqu'à *treize ans* la limite d'âge
primitivement fixée à onze.

« Les attentats de ce genre, disait le Rapporteur,
se multiplient, et leur nombre toujours croissant
prouve que la dépravation des mœurs l'emporte
sur la réserve que l'enfance doit inspirer et sur le
respect qu'elle mérite. Il est juste de protéger les

familles contre ce désordre moral. Puisqu'il atteint un si grand nombre d'enfants qui n'ont pas même accompli l'âge de onze ans, combien n'en doit-il pas atteindre qui sortent à peine de cet âge ?... Et cependant qui oserait affirmer que, dès qu'il l'a dépassé, l'enfant est capable de donner un consentement réfléchi ? Le plus souvent, même à douze ans, son développement physique et intellectuel ne lui permet pas d'avoir une conscience entière de ses actes, et si quelques exceptions se rencontraient, quel inconvénient sérieux y aurait-il à le prémunir contre ses propres entraînements et à le préserver d'une dégradation précoce ?... »

Ce n'est pas tout : le législateur de 1863 a pensé, avec raison, que s'il est permis de *supposer* une volonté intelligente et libre chez un enfant âgé de plus de treize ans, ce caractère de la volonté cesse d'être certain, lorsque la sollicitation arrive à l'enfant de la part d'un de ses ascendants, c'est-à-dire d'une personne exerçant sur lui une autorité naturelle ; et, en conséquence, il a spécialement puni l'attentat à la pudeur commis par un ascendant sur un *mineur*, même âgé de plus de treize ans. Dans ce cas, la limite où s'arrête la présomption de violence morale est l'émancipation du mineur par le mariage.

En résumé, relativement au viol et aux attentats à la pudeur, la législation actuelle est celle ci :

Le *viol* commis sur un adulte est puni des travaux forcés à temps. — Si le crime a été commis sur la personne d'un enfant au-dessous de l'âge de *quinze ans* accomplis, le coupable doit subir le maximum de la peine des travaux forcés à temps,—vingt ans. (Art. 332. C. pénal § 1.)

Quiconque se rend coupable d'un *attentat à la pudeur*, consommé ou tenté *avec violence* sur des adultes de l'un ou l'autre sexe, est puni de la réclusion. — Si le crime est commis sur la personne d'un enfant au-dessous de quinze ans, le coupable subit la peine des travaux forcés à temps. (art. 332, § 2.)

Tout *attentat à la pudeur* consommé ou tenté *sans violence*, n'est un crime, aux yeux de la loi, que si cet attentat est commis sur un enfant de l'un ou l'autre sexe, âgé de moins de treize ans. Ce crime est puni de la réclusion. (Art. 331, § 1.)

Est puni de la même peine l'attentat à la pudeur commis par un ascendant sur la personne d'un mineur, même âgé de plus de treize ans, mais non émancipé par le mariage. (art. 331. § 2.)

Du reste, si le viol et les attentats à la pudeur, avec ou sans violence, sont commis par des personnes ayant quelque autorité sur la victime, le crime s'aggrave et les peines sont alors beaucoup plus élevées.

Voici le texte de l'article 333, modifié par la loi du 13 mai 1863 : « Si les coupables sont les ascendants de la personne sur laquelle a été commis l'attentat, s'ils sont de la classe de ceux qui ont autorité sur elle, s'ils sont ses instituteurs ou ses serviteurs à gages, ou serviteurs à gages des personnes ci-dessus désignées, s'ils sont fonctionnaires ou ministres d'un culte, ou si le coupable, quel qu'il soit, a été aidé dans son crime par une ou plusieurs personnes, la peine sera celle des travaux forcés à temps, dans le cas prévu par le paragraphe 1er de l'article 331, et des travaux forcés à perpétuité, dans les cas prévus par l'art. 332. »

Cette aggravation, fort rationnelle, avait été prévue par le législateur de 1810, mais absolument oubliée par la Constituante de 1791.

*
* *

Le législateur de 1810 — rendons-lui encore cet hommage — s'est montré justement sévère en réprimant l'*enlèvement de mineurs.*

« Après avoir entouré l'enfant de mesures tutélaires et conservatrices, le projet de loi, — disait le rapporteur — accorde aux mineurs une protection spéciale; il prévoit leur enlèvement du lieu où ils auraient été placés par les personnes à l'autorité ou à la direction desquelles ils étaient soumis et confiés; il embrasse dans sa généralité les mineurs des deux sexes, et punit de la réclusion quiconque

les aura détournés, entraînés ou déplacés, par violence ou par fraude, et par conséquent à l'aide de
menaces, de philtres, de liqueurs enivrantes ou de
tout autre moyen qui les aurait privés de l'usage
de leur volonté.

« Cet enlèvement peut être plus coupable dans
ses motifs, plus dangereux dans ses conséquences,
envers le sexe le plus faible ; aussi est-il puni
d'une peine beaucoup plus forte s'il a pour objet
une fille âgée de moins de seize ans. Peu importe
même, dans cette circonstance, que le ravisseur
ait employé la violence, le dol, la fraude ou seulement la *séduction !* Il est indifférent qu'il ait entraîné de force la victime loin de son asile, ou que
celle-ci l'ait suivi sans contrainte. — Le consentement donné par une fille au-dessous de seize ans
n'a aucune influence sur la nature de la peine ; il
est censé arraché à la timidité de ce sexe, ou être
l'effet des illusions et des prestiges dont il est si
facile d'entourer l'inexpérience et la crédulité de
cet âge, et le coupable est puni des travaux forcés
à temps, s'il est majeur. — S'il est mineur, et qu'il
ait atteint sa seizième année, il ne peut invoquer
le défaut absolu de discernement ; mais la loi suppose qu'entraîné, aveuglé par le délire d'une première passion, il n'a pu embrasser toutes les conséquences et calculer tous les résultats de sa témé-
raire entreprise. Il échappera aux travaux forcés
et à la flétrissure qui accompagne cette peine ; ce-

pendant il a troublé la paix de la famille, il a violé
le sanctuaire domestique, il doit être puni correc-
tionnellement.

« Si le ravisseur épouse la personne enlevée, si
celle-ci ne se plaint pas, si les ayants droit à
demander la nullité du mariage se taisent, la loi
ne saurait se montrer plus sévère ; elle se laisse
fléchir, et l'offense qui lui avait été faite est
censée remise quand cette offense a reçu ainsi
la meilleure des réparations dont elle est susceptible.

« Vous remarquerez, Messieurs, — continue le
rapporteur, — le silence du projet sur un genre de
crime que les Romains avaient assimilé au rapt
de violence, que nos ordonnances signalaient sous
le nom de rapt de séduction et punissaient de peines très-sévères. — L'Assemblée constituante,
dont on se plaît à invoquer l'imposante autorité,
avait effacé de la liste des crimes l'enlèvement effet
de la séduction ; elle ne punissait que l'enlèvement d'une fille âgée de moins de quatorze ans, —
encore fallait-il qu'il fût commis avec violence, et
pour abuser de la personne enlevée ou la prostituer.

« Le projet qui vous est soumis place le crime
dans le seul fait matériel de l'enlèvement ; il re-
cule de deux ans l'époque à laquelle les personnes
du sexe sont mises sous la sauvegarde de la loi ;
il atteint enfin non-seulement le ravisseur qui

usera de violence mais celui qui aura employé le dol et la fraude. » (1)

Le projet de loi fut adopté, et voici, sur ce point, les articles du Code de 1810, qui sont encore en vigueur aujourd'hui :

ART. 354. « — Quiconque aura, par fraude ou violence, enlevé ou fait enlever des mineurs, ou les aura entraînés, détournés ou déplacés, ou les aura fait entraîner, détourner ou déplacer des lieux où ils étaient mis par ceux à l'autorité ou à la direction desquels ils étaient soumis ou confiés, subira la peine de la réclusion. »

ART. 355. — « Si la personne ainsi enlevée ou détournée est une fille au-dessous de seize ans accomplis, la peine sera celle des travaux forcés à temps. »

ART. 356. — « Quand la fille au-dessous de seize ans aurait consenti à son enlèvement ou suivi volontairement le ravisseur, si celui-ci était majeur de vingt et un ans ou au-dessus, il sera condamné aux travaux forcés à temps. — Si le ravisseur n'avait pas encore vingt et un ans, il sera puni d'un emprisonnement de deux à cinq ans. »

Au sujet de ces articles, il y a lieu de faire une observation importante :

(1) Rapport de M. Monseignat. — Locré, tome XXX, p. 527.

L'enlèvement des mineurs, de l'un ou l'autre sexe, doit donc, pour être punissable, être accompagné de *fraude* ou de *violence*. C'est là un élément essentiel du crime. Cependant, le sexe faible a besoin d'une protection plus étendue : aussi, quand il s'agit d'une jeune fille âgée de moins de seize ans, l'enlèvement seul est un crime, indépendamment de la fraude et de la violence ; car, lors même que la jeune fille aurait consenti à suivre son ravisseur, le crime existe. « Ce que la loi a prévu et voulu punir, c'est la corruption pratiquée sur la volonté même de la mineure ; c'est l'influence *séductrice* à laquelle elle obéit (1). » — Il en résulte, indirectement, que la séduction d'une fille au-dessous de seize ans est un crime, lorsque cette séduction est suivie d'enlèvement.

Mais le Code pénal n'accorde sa haute protection qu'aux jeunes filles âgées de moins de seize ans. Si donc un audacieux séducteur ENLEVAIT - sans fraude ni violence — une jeune fille de dix-sept ou dix-huit ans, il échapperait à la loi pénale ! Il n'y aurait ni crime, ni délit !

Voilà, certes, une conséquence bien digne d'attention !

* *

Le législateur de 1810 ne s'est pas occupé seulement de l'enlèvement des mineurs, — crime fort

(1) Faustin Hélie, — Théorie du Code pénal, t. IV, p. 460.

grave mais heureusement fort rare— il s'est occupé aussi de la corruption des mineurs, de *l'excitation à la débauche*, — délit beaucoup plus fréquent.

Voici comment s'exprime le Code pénal à cet égard :

ART. 334. — « Quiconque aura attenté aux mœurs, en excitant, favorisant ou facilitant *habituellement* la débauche ou la corruption de la jeunesse, de l'un ou de l'autre sexe, au-dessous de l'âge de vingt et un ans, sera puni d'un emprisonnement de six mois à deux ans, et d'une amende de cinquante francs à cinq cents francs. — Si la prostitution ou la corruption a été excitée, favorisée ou facilitée par leurs pères, mères, tuteurs ou autres personnes chargées de leur surveillance, la peine sera de deux ans à cinq ans d'emprisonnement et de trois cents francs à mille francs d'amende. »

ART. 335. « Les coupables du délit mentionné au précédent article seront interdits de toute tutelle et curatelle et de toute participation aux conseils de famille : savoir, les individus auxquels s'applique le premier paragraphe de cet article pendant deux ans au moins et cinq ans au plus, et ceux dont il est parlé au second paragraphe, pendant dix ans au moins et vingt ans au plus. — Si le délit a été commis par le père ou la mère, le coupable sera de plus privé des droits et avantages à lui accordés sur la personne et les biens de l'enfant par le Code civil. — Dans tous les cas, les coupables pourront de plus être mis, par l'arrêt ou le jugement, sous la surveillance de la haute police, en observant pour la durée de la surveillance, ce qui vient d'être établi pour la durée de l'interdiction mentionnée au présent article. »

Il est à remarquer, dès à présent, que la loi, en punissant les personnes qui excitent les mineurs à la débauche, a eu seulement en vue le proxénète, qui favorise la prostitution des filles mineures, c'est-à-dire l'entremetteur qui a l'*habitude* de corrompre la jeunesse *dans l'intérêt d'autrui*.

On s'est demandé, quelque temps après la promulgation du Code pénal, si l'article 334 s'appliquait aussi aux individus qui excitent habituellement des mineurs à la débauche, pour satisfaire leurs passions personnelles, et non les passions d'autrui. Plusieurs arrêts ont paru admettre l'affirmative ; mais, depuis nombre d'années, la Cour de Cassation a tranché la question, et aujourd'hui il est reconnu, par une jurisprudence constante, que l'article 334 atteint uniquement le proxénète qui excite, favorise et facilite habituellement la débauche, dans l'intérêt des passions d'autrui.

Tel est bien le sens de cet article : la loi de 1791 n'avait prévu et puni que le proxénétisme ; la loi de 1810 a fait de même. Du reste, les auteurs du

Code pénal ont très-clairement exprimé leur pensée à cet égard :

« En nous occupant des attentats aux mœurs,
disait le rapporteur, comment ne pas signaler ces
êtres qui ne vivent que par la débauche, qui, re-
but des deux sexes, se font un état de leur rapprochement mercenaire, et *spéculent* sur l'âge,
l'inexpérience et la misère pour colporter le vice
et alimenter la corruption ?... Des législateurs
ne les ont punis que du mépris public ; mais
que peut le mépris sur des âmes aussi aviliés ?
Punit-on par l'infamie des personnes qui en
font leur élément ? C'est par des châtiments, c'est
par un emprisonnement et une amende que le
projet de loi a cherché à atteindre ces artisans habituels de prostitution. »

Passant à la disposition du deuxième paragraphe de l'art. 334, le rapporteur ajoutait :

« Si l'on pouvait calculer les degrés de bassesse
dans un *métier* aussi bas, ceux-là sans doute seraient les plus misérables, qui serviraient ou exci-
teraient même la corruption des personnes placées
sous leur surveillance ou leur tutelle, et notamment les pères et les mères, s'il était possible qu'il
s'en trouvât, (1) qui, abusant du dépôt précieux

(1) Il se trouve malheureusement un assez grand nombre de
mères qui osent prostituer leurs filles ! Un tel acte est, à nos
yeux, tellement abominable qu'il devrait être considéré, non-

que la nature et la loi leur ont confié, *spéculeraient* sur l'innocence qu'ils sont chargés de protéger, échangeraient contre l'or la vertu de leurs enfants et se rendraient coupables d'un infanticide moral. »

En présence de termes aussi précis, il ne saurait y avoir de doute sur le sens et la portée de la loi pénale.

Le législateur n'a pas confondu, dans la même disposition, deux faits, très distincts en somme : le fait de l'homme qui, entraîné par l'ardeur du libertinage, séduit ou corrompt une fille mineure, — et le fait du misérable proxénète, qui, froidement, sans passion, jette des mineures dans le bourbier de la prostitution et livre, à prix d'or, de la pâture aux débauchés !

L'article 334 vise et frappe l'entremetteur, — et l'entremetteur seulement ; il n'atteint pas du même coup le séducteur qui corrompt, directement, des jeunes filles mineures, pour satisfaire son libertinage et assouvir « ses passions personnelles ! »

La loi punit-elle, du moins, dans un autre article, l'individu qui *séduit*, trompe et déshonore une jeune fille ? Non. Le Code pénal est muet sur ce chapitre et tolère, par son silence, toutes les séductions ; — il tolère même, nous l'avons vu, la sé-

seulement comme un délit, mais comme un *crime*. (Voir, sur ce point, *Manuel du Citoyen français*, p. 263 et suiv.)

duction suivie d'enlèvement, si la jeune fille séduite a dépassé sa seizième année et a été enlevée sans fraude ni violence !...'

La Commission du Corps législatif, étonnée, on peut le dire, de cette impunité, avait proposé un paragraphe additionnel ainsi conçu : « Si la fille âgée de seize ans et de moins de vingt et un ans a consenti à son enlèvement ou suivi volontairement le ravisseur, celui-ci sera condamné à deux ans d'emprisonnement au moins et cinq ans au plus. » La Commission expliquait ainsi cet amendement : « Le motif de l'addition proposée est que si l'on punit des travaux forcés à temps le ravisseur d'une fille au-dessous de seize ans, lorsque ce ravisseur est majeur, on n'a pas eu l'intention de laisser impuni celui qui, étant également majeur, enlèverait une fille de dix-sept à vingt et un ans !.. C'est précisément à cette époque de la vie des filles que les enlèvements doivent naturellement être plus communs, et l'on est souvent dans le cas de remarquer qu'une fille de seize ans et demi et au-delà est fréquemment exposée à la *séduction* et aux passions des hommes. »

Cet amendement, fort sage, fort rationnel, à nos yeux, fut rejeté par le conseil d'Etat (1).

Le rapporteur expliquait ainsi ce rejet au Corps législatif : « Le nouveau Code n'étend pas plus

_____

(1) Séance du 18 janvier 1810.

loin ces importantes additions; ses rédacteurs ont cru pouvoir ABANDONNER, après seize ans, les jeunes personnes à la vigilance de leurs parents, à la garde de la religion, aux principes de l'honneur, à la censure de l'opinion. Ils ont pensé qu'après seize ans la *séduction*, que la nature n'avait pas mise au rang des crimes, ne pouvait y être placée par la société. Il est si difficile, à cette époque de la vie, vu la précocité du sexe et son excessive sensibilité, de démêler l'effet de la séduction de l'abandon volontaire ! Quand les atteintes portées au cœur peuvent être réciproques, comment distinguer le trait qui l'a blessé ? Et comment reconnaître l'agresseur dans un combat où le vainqueur et le vaincu sont moins ennemis que complices ? »

Voilà pourquoi, en France, la séduction n'est pas punie !

*
* *

En résumé, la loi française se montre justement sévère contre l'homme qui commet un viol, un attentat à la pudeur ou un enlèvement ; elle envoie ce criminel aux travaux forcés ou tout au moins dans une maison centrale, — tandis qu'elle ne punit pas, même d'une peine correctionnelle, même d'une simple amende, l'homme qui corrompt ou séduit une jeune fille pour satisfaire sa lubricité !

Ainsi, un satyre éhonté rencontre une jeune fille de quatorze ou quinze ans, la guette comme sa proie ; la suit, l'aborde, lui tient des propos immondes, lui fait de honteuses promesses, et se livre — sans violence — à des actes impudiques sur cette chaste enfant ; il en a la liberté ! Il n'est pas coupable, de par le Code pénal, et il n'est pas puni !

Y a-t-il un outrage public à la pudeur ! Non. Cet homme prudent a eu soin d'être lubrique à huis clos ! C'est du reste, une précaution élémentaire.

Y a-t-il un attentat à la pudeur? Non. L'enfant avait plus de treize ans, — treize ans et demi peut-être. Qu'importe ! la loi dit seulement : Tout attentat à la pudeur consommé ou tenté sans violence sur la personne d'un enfant âgé de *moins de treize ans*, sera puni de la réclusion.

Y a-t-il enlèvement de mineure ? Non encore ! Il ne s'agit pas là d'un hardi ravisseur qui, par fraude ou violence, a enlevé une jeune fille à ses parents.

Y a-t-il au moins *détournement* d'une fille mineure ? Pas davantage ! Le crime d'enlèvement ou de détournement de mineure n'existe que lorsque la jeune fille a été enlevée de la maison des personnes sous la puissance desquelles elle se trouvait, ou bien de la maison où ces personnes l'avaient placée. — Par suite, le crime de détournement ne résulte pas du fait de celui qui, rencontrant, par exemple, une fille mineure sur une promenade publique, où elle attend son père, l'entraîne, sous un faux prétexte, dans une maison voisine, pour en abuser (1). — Par suite encore on ne saurait voir un tel crime dans le fait de celui qui, rencontrant une fille mineure sur une place publique, la détermine, par des promesses trompeuses à venir chez lui, et, après avoir abusé d'elle, la laisse sortir librement (2).

Du reste, un libertin n'a pas besoin d'enlever une jeune fille pour entreprendre impunément cette infâme séduction. Un Lovelace peut commettre cet attentat sous le toit paternel, — ce qui semble plus odieux encore ! Si la vierge a *plus de treize ans*, et si le séducteur n'est pas brutal, il n'est pas responsable devant la justice !

Le séducteur est-il un domestique ? N'importe ! Il peut impunément corrompre l'enfant de la maison !

Le séducteur a-t-il quelque autorité sur la jeune fille ? Est-ce un tuteur ? un patron ? un instituteur ? un ministre du culte ? Il n'y a ni crime, ni délit !

— C'est incroyable ! dites-vous.

— Oui, le fait est surprenant ; mais il en est ainsi.

(1) Montpellier, 10 février 1846.
(2) Bastia, 8 juillet 1855.

En effet, l'article 331 du code pénal, relatif aux attentats à la pudeur sans violence, punit exceptionnellement (dans le deuxième paragraphe) ce crime lorsqu'il est commis sur un enfant *mineur* par son ascendant ; mais il s'agit alors d'un attentat incestueux consommé par le père ou l'aïeul ! Quant aux autres personnes qui ont autorité sur la victime, — instituteurs, serviteurs à gages, fonctionnaires, ministres du culte, — l'article 333 les punit plus sévèrement, à raison de leur qualité, c'est vrai, mais seulement quand il s'agit du *viol*, de *l'attentat à la pudeur avec violence*, et de *l'attentat sans violence* commis sur des enfants de moins de treize ans.

Si donc il s'agit, comme dans notre hypothèse, d'une jeune fille de quatorze ou quinze ans, et d'un attentat sans violence, un maître, un patron, un domestique peut impunément souiller cette enfant, et un professeur peut, sans redouter le Code, apprendre la débauche à son élève !

— Mais, dites-vous encore, il y a du moins dans ce fait ignoble un délit de *corruption de mineur, d'excitation à la débauche* ?

— Eh bien, non ! L'article 334 du code pénal ne s'applique pas, nous l'avons vu, aux individus qui se livrent à des faits habituels de corruption ou de débauche envers des mineurs, pour satisfaire leurs « propres » passions ! — Cela a été maintes fois décidé par la jurisprudence (1). Et c'est en vertu de ce grand principe juridique qu'il a été jugé : que l'article 334 est inapplicable, soit à *l'instituteur* primaire qui se livre à des actes personnels d'immoralité sur la personne de ses élèves ! (Cassation, 19 juillet 1845) — soit au *directeur* d'un établissement charitable qui, par des discours obscènes ou lascifs, par des gestes, des attitudes ou des démonstrations matérielles, a initié aux idées et aux usages du vice des jeunes filles mineures, *confiées à sa surveillance*, s'il n'a agi qu'en vertu de sa « propre satisfaction, » *et en ayant soin de les isoler les unes des autres !* (Cassation, 15 mars 1860).

Ainsi, voilà qui est bien établi : aujourd'hui, en France, un tuteur, un patron, un instituteur, et *à fortiori* le premier homme venu, peut — sans encourir la moindre peine, la moindre amende, — débaucher une jeune fille mineure, s'il a la délicatesse de satisfaire, tranquillement, sans violence, ses appétits personnels !

Quant à la *séduction* proprement dite, — à la séduction d'une jeune fille honnête, abusée par de fallacieuses promesses, qu'un Don Juan abandonne après l'avoir déshonorée, il n'en est pas

---

(1) Cassation, 12 mai 1848. — 28 juillet 1848. — Paris, 5 juin 1849. — Cassation, 20 septembre 1850. — 21 mars 1853. — 19 août 1853. — 27 avril 1854. — 1° mai 1854. etc...

question ! Sur ce point, pas un mot ! Le code ici a des scrupules, et il se tait. Il laisse impunément commettre cet abus de la violence morale !

S'agit-il d'une jeune fille de seize ou dix-sept ans, enlevée, sans fraude ni violence, par son séducteur ? Le code ferme les yeux, dit aux gendarmes : « Laissez faire ! Laissez passer ! » et les gardiens de l'ordre public laissent passer le ravisseur : la loi ne punit ni cette séduction, ni même cet ENLÈVEMENT !...

— Peut-être direz-vous qu'une jeune fille de seize ou dix-sept ans est précisément à l'âge qui a besoin d'appui ; qu'à ce moment — au printemps de la vie — l'imagination s'éveille, la passion éclot, et que l'inexpérience d'une enfant, l'innocence d'une vierge méritent aide et protection ? Peut-être direz-vous que cette jeune fille est sans défense, et que sa beauté qui s'épanouit, sa pureté, sa pudeur, sa virginité même excitent les désirs des séducteurs et l'entourent de dangers ?

— Le législateur vous répondra qu'il faut assurément écarter ces périls et protéger l'honneur des vierges contre les escrocs du libertinage, mais que la loi doit « abandonner » les jeunes personnes à la garde de la religion et à la censure de l'opinion publique, — ce qui revient presque à dire que le seul moyen de les défendre est de les abandonner !

Voilà, sur ce point, nos lois pénales !

§ 2.

LOI CIVILE

L'œuvre la Convention.— Le Code civil. — La recherche de la paternité est interdite. — Pourquoi ? — Rapport du tribun Duveyrier et du tribun Lahary. — Une exception à la règle. — Grandes difficultés. — Opinion du Premier Consul sur le rapt et le viol. — Liberté de la séduction.

Nous savons que la recherche de la paternité était admise autrefois, en France, sous l'empire de l'ancien Droit.

L'action « en déclaration de paternité » était accordée à la fille séduite et à l'enfant.

La Convention, qui déjà avait effacé la fameuse maxime — *Creditur virgini parturienti* — refusa aux filles-mères le droit de demander les « frais de gésine » à l'auteur de leur grossesse ; mais elle leur accorda un bénéfice, en proclamant cette loi nouvelle : « Toute fille qui, pendant dix ans, soutiendra, avec le fruit de son travail, son enfant illégitime, aura droit à une récompense publique. »

La Convention refusa aussi aux enfants naturels le droit de rechercher leur père ; mais, — en
compensation, — elle les plaça presque sur le
même pied que les enfants légitimes, en matière
de succession. (Loi de brumaire an ii).

Le Code civil survint. Napoléon avait peu de
commisération pour les femmes — en général — et
pour les pauvres êtres qu'on appelle « enfants naturels. »

Le législateur de 1803 détruisit, en partie,
l'œuvre de la Convention : il n'accorda point de
« récompense publique » aux filles-mères qui
avaient le mérite d'élever seules leurs enfants. —
D'autre part, il montra beaucoup moins de bienveillance à l'égard des enfants naturels ; il dimi-
nua singulièrement leurs droits dans la succession de leurs père et mère (1).

La Convention en interdisant, d'une manière
absolue, la recherche de la paternité, avait du
moins essayé de tempérer cette règle rigoureuse.
Le Code, sans pitié pour les filles-mères et pour
leurs malheureux enfants, maintint la règle dans
toute sa rigueur. « *La recherche de la paternité est
interdite,* » dit l'article 340.

Cette interdiction est, aujourd'hui, un principe
fondamental du droit français.

(1) Art. 756 et suiv. du Code civil.

Aussi bien, on comprend que le législateur moderne ait édicté cette maxime juridique. La paternité, en dehors du mariage, est quelque chose de fort incertain ; c'est un fait naturel enveloppé de ténèbres. Le tribun Duveyrier disait, avec quelque raison, au Corps législatif : « La nature ayant dérobé ce mystère à la connaissance de l'homme, à ses connaissances morales et physiques, aux perceptions les plus subtiles de ses sens, comme aux recherches les plus pénétrantes de sa raison ; et le mariage étant établi pour donner à la société, non pas la preuve matérielle, mais, à défaut de cette preuve, la *présomption légale* de paternité ; il est évident, lorsque le mariage n'existe pas, qu'il n'y a plus ni signe matériel, ni signe légal. Il n'y a plus rien qui puisse faire supposer même la fiction conventionnelle et sociale. La paternité reste ce qu'elle était aux yeux de la loi comme aux yeux de l'homme, un mystère impénétrable ; et il est en même temps injuste et insensé de vouloir qu'un homme soit convaincu, malgré lui, d'un fait dont la certitude n'est ni dans les combinaisons de la nature, ni dans les institutions de la société. — C'est ainsi qu'en remontant à une vérité fondamentale, nous arrivons naturellement et sans efforts à cette règle première, à l'impossibilité de ces déclarations de paternité conjecturales et arbitraires, à la répression irrévocable de ces inquisitions scan-

daleuses qui, peu secourables pour l'enfant aban-
donné, portaient toujours la discorde dans les
familles et le trouble dans le corps social. »

Il est certain que des abus se sont produits sous
l'ancien régime et devaient nécessairement se
produire à une époque où la recherche de la paternité était admise comme une règle générale, et
où l'on accueillait, comme preuve irréfragable, les
déclarations de la première fille venue. C'était, —
il ne faut guère s'en étonner, — une source de
procès immoraux.

« Rien de plus fréquent autrefois, disait le tribun Lahary, que ces réclamations d'état dont on
assiégeait de toutes parts les tribunaux. Que de
femmes impudentes osaient publier leur faiblesse,
sous prétexte de recouvrer leur honneur ! Combien d'intrigants, nés dans la condition la plus
abjecte, avaient l'inconcevable hardiesse de prétendre s'introduire dans les familles les plus dis-
tinguées — et surtout les plus opulentes ! On peut
consulter à cet égard le recueil des causes célèbres,
et l'on ne saura trop ce qui doit étonner davantage, ou de l'insuffisance de nos lois sur cet important objet, ou de la témérité de ceux qui s'en
faisaient un titre pour égarer la justice et trou-
bler la société. — Elle cessera enfin cette lutte
scandaleuse et trop funeste aux mœurs : *La recherche de la paternité est interdite !* »

A cette règle, édictée par l'article 340, les rédactours du Code civil n'ont admis qu'une exception, une seule :

« Dans le cas *d'enlèvement*, — ajoute l'article 340, — lorsque l'époque de cet enlèvement se rapportera à celle de la conception, le ravisseur *pourra* être, sur la demande des parties intéressées, déclaré père de l'enfant. »

Ce n'est, certes, pas sans difficultés que le législateur français a admis cette unique exception au principe nouveau qu'il venait de proclamer !...

Lorsque la question fut posée au Conseil d'Etat, dans la séance du 28 brumaire an **x**, les avis furent partagés. Plusieurs membres, notamment Tronchet et Cambacérès, pensaient que s'il était prudent d'interdire la recherche de la paternité lorsqu'il n'existe que le seul fait de la grossesse, il était juste de faire une exception au principe, lorsqu'il y aurait eu rapt ou viol. — Au contraire, le Premier Consul soutint que si la loi devait imposer à l'auteur du rapt ou du viol une indemnité pécuniaire en faveur de la femme, « elle ne devait pas aller plus loin, » et qu'elle ne devait pas attribuer forcément à cet homme un enfant dont il pouvait ne pas se croire le père.

Après cette discussion, le Conseil d'Etat, dominé peut-être par l'influence du Premier Consul, décida que la règle générale ne recevrait *aucune exception* (1).

(1) Locré, tome vi, p. 110 et suiv.

Mais plus tard, une conférence eut lieu, sur cet article, entre le Tribunat et le Conseil d'Etat ; la section de législation proposa alors d'établir une exception, mais seulement en cas d'*enlèvement*. Cette proposition fut accueillie, et, après une vive discussion, le Corps législatif vota la seconde partie de l'article 340, que nous avons citée plus haut.

La loi française, en proclamant que « la recherche de la paternité est interdite, » a donc admis, avec difficulté, une seule exception, en cas d'enlèvement. Or, ce crime est fort rare, — tellement rare que c'est à peine si l'on peut citer une décision judiciaire ayant admis la recherche de la paternité à l'encontre d'un ravisseur !

Nous n'insisterons pas davantage : ce rapide exposé suffit pour indiquer quelle est, en cette matière, notre législation.

En définitive, la séduction — même entourée de manœuvres frauduleuses, — n'est pas punie par le code pénal.

La recherche de la paternité, en cas de séduction, est absolument interdite par le code civil.

Les séducteurs ont donc libre carrière : ils peuvent impunément se jouer de la vertu ; ils peuvent impunément renoncer aux devoirs naturels de la paternité.

Les libertins, jeunes ou vieux, sont libres de

séduire les filles, libres de les tromper, libres de
les déshonorer, libres de les rendre mères, libres
d'abandonner leurs enfants !

Et Dieu sait si l'on abuse, en France, de cette
liberté de la séduction !

§ 3.

LA JURISPRUDENCE

La séduction est-elle un quasi-délit ? — Fornication et séduction. — Différences juridiques. — La femme complice. — La
femme victime. — Les promesses de mariage. — Mademoiselle Laperrine. — Mademoiselle Mazuchelli. — L'âge de la
victime. — Histoire d'une fille de vingt-six ans. — Manœuvres
dolosives. — Mademoiselle Baudoin et Monsieur Gibout. —
Le « *sublime sacrifice* » d'une fille de dix-huit ans. — Engagement licite. — Grossesse de la victime. — Une difficulté :
l'article 1382 et l'article 340. — Un Alsacien et une Alsacienne. — Les lettres du séducteur. — Les droits de l'enfant.
— Tendance générale de la jurisprudence. — Polémique
entre un professeur et un magistrat.

Est-il bien vrai de dire que le séducteur échappe,
actuellement, à toute responsabilité ? Oui, au regard de la loi pénale, le séducteur est impuni,
nous l'avons démontré. Mais en est-il toujours
ainsi au regard de la loi civile ?

Si, aujourd'hui, la séduction n'est pas un *délit*,
entraînant une peine correctionnelle, n'est-elle pas
du moins un *quasi-délit* ? En d'autres termes, la
séduction n'est-elle pas un fait qui tombe dans le

domaine des tribunaux civils et qui peut servir de base à une action en dommages-intérêts, en faveur de la fille séduite ?

Le code civil ne renferme aucune disposition spéciale au sujet de la séduction ; mais l'article 1382 porte que « tout fait de l'homme, qui cause à autrui un dommage, oblige celui par la faute duquel il est arrivé à le réparer. » Or, la séduction est-elle au nombre de ces faits ?

Nous ne pouvons répondre *de plano* à cette question, ainsi posée en termes généraux ; il nous semble, au premier coup d'œil, que la solution doit dépendre des circonstances particulières qui, dans tel ou tel cas, viennent se grouper autour de la séduction.

Il est d'abord trois hypothèses qu'il faut placer hors de toute controverse :

Ainsi, un homme viole une femme, commet de vive force un attentat à la pudeur, ou enlève avec violence la jeune fille qu'il a séduite ; voilà des faits fort graves qui dépassent même la limite de la séduction ordinaire ! Voilà des crimes !

Il y a là, évidemment, un coupable et une victime, — un coupable qui abuse de sa vigueur physique pour commettre des actions criminelles, — une victime qui subit, malgré elle, des violences, des obscénités, des outrages. La résistance de la femme a été brutalement vaincue ; sa volonté a été contrainte ; sa liberté a été enchaînée, et ces violences constituent précisément un élément essentiel du crime.

Eh bien! dans ces circonstances, le coupable est non-seulement responsable de son *crime*, devant la cour d'assises, mais encore de sa *faute*, devant les tribunaux civils (1). Il a causé à sa victime un préjudice énorme, et si elle se plaint, il doit être condamné à lui payer une indemnité pécuniaire, pour réparer — autant que faire se peut — « l'irréparable outrage..» — Nul doute sur ce point.

Mais, d'ordinaire, les séducteurs n'emploient pas les moyens violents pour faire des « conquêtes ; » ils ont à leur service des procédés moins brusques et plus... séduisants ; les habiles, n'ayant garde d'employer la force, savent faire tomber doucement les femmes dans leurs filets.

> Oh ! n'insultez jamais une femme qui tombe !...

dit le poète. Plus d'une fois, il faut bien le reconnaître, la « femme qui tombe, » a voulu tomber ; elle peut à merveille, — surtout si elle a plus de vingt ans, — prévoir la chute et ses conséquences. Aussi, lorsqu'un Faublas adresse ses amoureuses prières à une femme « d'un certain âge » — âge

---

(1) L'*action civile* peut, du reste, être poursuivie en même temps et devant les mêmes juges que l'*action publique*. (Art. 3, C. d'Inst. crim.)

souvent très-incertain — ou à une fille qui a dépassé sa majorité, il s'adresse à une personne qui est capable de défendre elle-même sa vertu ; et si, d'ailleurs, ce libertin n'emploie aucune manœuvre frauduleuse ; si la femme « courtisée » se laisse facilement séduire par des paroles mielleuses ou des promesses dorées, il y a un *abandon volontaire* dont la justice n'a pas à s'occuper.

Le monde dira peut-être qu'il y a une *séduction* ; aux yeux du jurisconsulte, ce fait a plutôt le caractère d'une simple *fornication*.

Or, dans ce cas, y a-t-il un coupable et une victime ? Non. Nous voyons dans ce commerce charnel, dans ces relations illicites, le résultat d'une passion mutuelle, d'un entraînement réciproque ou d'un libertinage partagé ; nous apercevons deux complices qui ont eu la même faiblesse ; nous reconnaissons deux coupables qui ont volontairement commis une *faute commune*. Mais il n'y a pas là, en droit, une véritable séduction, — une séduction *frauduleuse* ou *dolosive*.

La femme qui s'est complaisamment livrée a dû prévoir les conséquences de sa débauche ; elle a donné son libre consentement ; elle a voulu s'abandonner ; elle n'a pas à se plaindre ! *Volenti non fit injuria*.

— Cette femme, direz-vous, éprouve un préjudice ; elle est déshonorée. C'est une femme perdue !

— Oui ! mais c'est sa faute, après tout, qui est

cause de ce dommage. Or, dit avec raison la loi romaine, *quis ex culpâ suâ damnum sentit, non intelligitur damnum sentire.* Elle ne peut donc, cette pécheresse, se retourner contre son complice pour lui demander une indemnité.

En résumé, la *fornication* suppose, en général, l'adhésion d'une volonté parfaitement libre ; partant, les torts sont réciproques, et, dans ce cas, la femme-complice n'a pas le droit de demander à la justice la réparation du préjudice causé.

Ce principe a été consacré par plusieurs arrêts, notamment par un arrêt de la Cour de Bastia :

« Considérant, dit la Cour, qu'il est de principe constant, sous la législation actuelle, que les filles et les femmes qui se prétendent séduites ou délaissées n'ont point d'action en justice envers leur séducteur pour en obtenir des dommages-intérêts ;

« Considérant qu'il n'est d'ailleurs articulé, dans la cause, *aucun fait précis de séduction* ;

« Considérant que les relations intimes qui ont existé entre les parties ont été le résultat d'un *entraînement réciproque* et d'une *volonté libre et réfléchie* ; — que l'on ne saurait sérieusement soutenir, dans de telles circonstances, qu'une femme peut être admise à réclamer, par la voie judiciaire, le prix de sa faiblesse, de son déshonneur ou de son libertinage (1). »

(1) Bastia, 28 août 1854 (Dalloz, 1856, 2. 16.)

Donc, en principe, la fornication ou le concubinage ne peut servir de base à une action contre l'homme qui a provoqué ce rapprochement volontaire.

Mais il peut se présenter des cas, — et en somme il s'en présente souvent, — où la situation des deux « complices » se modifie, et où la responsabilité se divise en portions fort inégales. Il peut y avoir encore faute commune ; mais l'homme alors est beaucoup plus coupable ; il apparaît plutôt comme *auteur principal* que comme *complice*. Il a agi comme un véritable *séducteur* ; il a été l'instigateur du mal, le corrupteur ; il a fait des promesses fallacieuses ; il a abusé de sa situation ; il a employé des manœuvres coupables ; il a été agresseur. La femme résistait ; il a lutté ; il a cherché à vaincre cette *résistance*, par mille artifices. Dans des circonstances pareilles, la complicité de la personne séduite tend évidemment à s'effacer, et cette personne qui a subi une *violence morale*, qui a été jouée, qui a été trompée, peut être véritablement *victime* d'une séduction dolosive.

En cette matière, il est certain que l'âge de la personne séduite doit influer beaucoup sur le degré de la culpabilité du séducteur. Un Don Juan, au lieu de s'adresser à une fille de vingt-trois ou vingt-quatre ans, à une veuve, à une femme,

dirige ses lubriques tentatives sur une jeune fille
de seize ou dix-sept ans, — une enfant qui
n'a pas encore l'expérience des hommes et des
choses ; — une enfant qui ne peut apprécier toute
la gravité d'un amoureux badinage ; — une enfant qui ne peut prévoir les longues conséquences
d'un rapprochement éphémère ! Cet homme licencieux entoure l'innocente créature de sataniques
séductions ; il la tente ; il la fascine. La vierge
finit par succomber. Il assouvit sa passion ; et
après avoir sacrifié cette jeune fille à ses caprices,
après l'avoir flétrie, déshonorée, il la dédaigne
bientôt et l'abandonne ! Est-ce que le séducteur,
alors, n'est pas cent fois plus coupable que la jeune
fille ? Est-ce qu'il n'est pas, en réalité, le vrai coupable, le seul coupable ? Est-ce que cette vierge
abusée, cette enfant immolée aux lubriques fan-
taisies d'un homme, n'est pas une véritable *victime* ?

Eh. bien, nous soutenons que, dans de telles
circonstances, et après cet horrible attentat, le
séducteur a encouru une lourde responsabilité, et
que les tribunaux, tenant compte de la jeunesse,
de l'innocence, de la situation de la fille séduite,
doivent lui accorder, sur sa demande, de justes
dommages-intérêts,

. . . . . . *Solatia luctûs*
Exigua ingentis !

Nous allons voir, du reste, que les jeunes filles, vraiment dignes d'intérêt, ont trouvé un appui auprès de la magistrature française.

* *

Lorsqu'une fille honnête est assiégée par les sollicitations brûlantes d'un séducteur, on peut affirmer et poser en fait qu'elle résiste toujours. Le but de la *séduction* est précisément de vaincre cette *résistance*.

Pour obtenir une capitulation, que fait l'assiégeant ? Il dresse ses batteries ; il allume tous les feux de l'amour et fait l'assaut de la pudeur virginale.

Lorsque la jeune fille fait mine de résister longtemps, il se retranche derrière l'équivoque ; il parlemente, se sert de la ruse et fait naître de chimériques espérances ; il promet le mariage, — c'est le moyen souvent employé par les Lovelaces, pour surprendre le consentement d'une vierge et arriver au prélude illégitime de l'hyménée. Les jeunes ouvrières et les naïves paysannes se laissent souvent éblouir par ce mirage ; elles succombent et, après la chute, le séducteur fait litière de toutes ses promesses et de tous ses serments !...

Cette violation d'une promesse de mariage peut-elle ouvrir, au profit de la fille séduite, une action utile en dommages-intérêts ? C'est ce que nous allons examiner.

Et d'abord, quelle est, en droit, la valeur d'une *promesse de mariage*? Une telle promesse est-elle licite? Donne-t-elle quelque droit à la personne qui l'a reçue?

Il est un point incontestable — et incontesté, — c'est que l'individu, séducteur ou non, qui a souscrit une promesse de mariage, ne peut jamais, sous l'empire de notre législation moderne, être contraint d'épouser la personne qui a reçu cet engagement. Nul ne peut l'*obliger* à contracter mariage; nul ne peut le forcer à jouer le rôle du mari malgré lui!

Tant que le lien conjugal n'est pas légalement noué devant l'officier de l'état civil, les fiancés doivent rester absolument libres, — libres de se dégager s'ils aperçoivent soudain une cause d'antipathie, — libres de se rétracter s'ils viennent à trouver un motif *sérieux* de rupture. Souvent, — et, par exemple lorsqu'on découvre une tache d'infamie sur un des futurs ou sur sa famille, — la rétractation est plus qu'une faculté, c'est un devoir. Par conséquent, toute convention, qui tendrait à entraver la liberté des mariages, ne serait pas licite, et — en principe — une promesse de mariage n'est pas une cause valable d'engagement.

Il en est de même de la *clause pénale* ajoutée à une telle promesse. On s'imagine — surtout dans les campagnes — que deux personnes peuvent mutuellement se promettre le mariage et convenir que celle qui manquera à sa promesse paiera à l'autre une certaine somme, à titre d'indemnité. On appelle vulgairement cette sorte de contrat un *dédit*. Nos paysans ont peut-être entendu raconter par leurs grands pères ce qui se passait sous l'ancien régime : autrefois, les fiancés avaient l'habitude de se donner des arrhes ; celui des deux qui n'exécutait pas son engagement rendait les arrhes qu'il avait reçues et perdait celles qu'il avait données. Seulement, lorsque ces sommes étaient trop considérables, les magistrats pouvaient les faire descendre au-dessous d'un certain chiffre et les réduire aux proportions d'une indemnité suffisante (1).

Cette coutume et cette jurisprudence s'expliquaient sous l'ancien droit. Jadis, en France, — comme le dit Pothier, — les fiançailles étaient ordinairement une occasion de dépenses ; elles n'existaient que par une bénédiction nuptiale ; il fallait une décision judiciaire pour les anéantir ; tant qu'elles subsistaient, elles empêchaient l'un des contractants de se marier à un autre, et même après leur dissolution, elles produisaient un empêchement d'honnêteté publique qu'on appelait dirimant (2).

(1) Arrêt du Parlement de Paris, 20 août 1080.
(2) Pothier. — *Contrat de mariage*, n° 23, art. 8.

Aujourd'hui, nos usages n'admettent rien de pareil, et notre droit ne considère plus comme licite l'engagement dont nous parlons. Il importe à la société que la liberté des mariages soit absolue. La loi ne peut admettre qu'une partie soit mise dans la nécessité de contracter mariage contre son gré, pour éviter de subir une perte pécuniaire ! Cette liberté, dont Portalis s'est fait le chaleureux défenseur, cette liberté matrimoniale, pour n'être pas illusoire, doit exister sans trouble, sans arrière-crainte, sans arrière-pensée, jusqu'au moment de l'engagement solennel, qui se contracte devant l'officier de l'état civil.

Il résulte de ces observations que l'inexécution d'une promesse de mariage ne peut, en principe, donner lieu à des dommages-intérêts.

Voilà la règle générale. Mais ce n'est pas une règle absolue, inflexible, qui jamais ne peut se plier devant des circonstances particulières. Si, par exemple, la violation de cette promesse, accomplie *sans motif légitime*, a occasionné un préjudice soit à la bourse, soit à la réputation de l'autre partie, les tribunaux peuvent allouer des dommages-intérêts à la personne lésée, — et ils le peuvent, non pas en vertu de l'article 1142, mais en vertu de l'article 1382, sainement entendu.

En effet, pourquoi soustraire le cas qui nous occupe à l'application du principe général qui oblige l'auteur de tout préjudice à le réparer ? En matière de mariage, comme en toute autre, l'une des parties ne peut impunément se jouer de celle qui lui a donné sa foi. Il ne peut être permis à un homme volage de rechercher une jeune fille, de la bercer longtemps de l'espoir du mariage, d'avoir auprès d'elle des assiduités journalières, de lui faire faire des dépenses, de l'empêcher peut-être de contracter une autre union, et, après tout cela, de l'abandonner soudain, sans raison sérieuse, sans motif légitime.

Lorsque l'inexécution de la promesse de mariage est ainsi commise par légèreté, par inconstance, par cupidité, — peut-être le fiancé infidèle veut-il contracter ailleurs un mariage plus avantageux ? — la jeune fille peut éprouver un préjudice *matériel* et *moral* qui doit être réparé. La jurisprudence a consacré cette doctrine par de nombreux arrêts (1).

On comprend maintenant que si les tribunaux ont accordé des dommages-intérêts aux personnes délaissées, sans motif légitime, par un fiancé volage, ils ont dû se montrer plus favorables encore aux jeunes filles abandonnées par un *séducteur*, qui a employé la promesse de mariage uniquement pour arriver à les séduire.

(1) Voir, notamment, Caen, 24 avril 1850. (Dalloz. 1855. 2. 177.) — Nîmes, 2 janvier 1855. (Dalloz. 1855. 2. 161.)

4

Il a été formellement décidé que si, — en principe, — l'inexécution d'une promesse de mariage ne peut donner lieu à des dommages-intérêts, il cesse d'en être ainsi lorsqu'il est certain que cette promesse a été employée *comme moyen de séduction*.

« Attendu, dit la Cour de Bordeaux, que lorsqu'à un fait de séduction certain, incontestable, avoué, vient se joindre le fait également certain d'une promesse de mariage, employée comme moyen de séduction, ayant agi avec efficacité et amené la faute et la grossesse, il peut y avoir lieu, suivant les cas, et en procédant avec une grande réserve, à imposer une réparation à celui qui, par de semblables moyens, aurait occasionné un pareil dommage ;

« Qu'il serait contraire à toute justice que le séducteur habile et persévérant, qui, à l'aide d'une promesse de mariage, réitérée et rendue croyable, serait parvenu à triompher d'une fille, jusqu'alors honnête, et à la perdre, pût ensuite l'abandonner dans sa honte et dans son malheur et laisser à sa charge tous les inconvénients et toutes les misères résultant d'une faute commune.....

« Attendu qu'il est constant, en fait, que Louise Laperrine, mineure, appartenant à une famille honnête de la ville de Vannes, fut appelée en 1846 dans la famille F..., originaire de la même ville, mais habitant Bordeaux ; — qu'admise dans cette famille, en qualité de femme de chambre,

elle ne tarda pas à y être en butte aux obsessions
les plus vives et les plus incessantes de la part du
sieur F..., fils, alors âgé de vingt-deux ans; —
qu'après avoir vainement usé, comme il l'a reconnu depuis, de tous les moyens de séduction
ordinaires, ce ne fut qu'à l'aide de la promesse de
mariage la plus formelle, la plus solennellement
jurée et la plus souvent répétée, qu'il réussit à
vaincre sa résistance ; — que le doute n'est pas
permis sur ce point en présence des deux lettres
écrites en 1847, par le sieur F... à la demoiselle
Laperrine, qui ont été produites au procès ; —
qu'il y reconnaît et y proclame, dans les termes
les plus formels, qu'il n'a *séduit* Louise qu'à force
de démarches et de persécutions ; — qu'il ne la
obtenue qu'à condition de l'épouser ; qu'il donne
sa parole d'honneur, sur le saint nom de Dieu,
qu'il réparera sa faute ; — que ces aveux précis,
confirmés encore par les protestations du même
genre que le sieur F... ne cessait de prodiguer à
Louise qu'il appelait sa femme, et avec laquelle il
prenait toujours le titre de mari, établissent contre
lui la réalisation de la double condition exigée
par la jurisprudence pour motiver la condamnation aux dommages-intérêts. »

Se fondant sur ces motifs, la Cour de Bordeaux
condamna le séducteur de Louise Laperrine à
payer à sa victime la somme de 5,000 francs (1).

(1) Bordeaux, 23 novembre 1852, (Dalloz, 1856. 2. 23.)

Plus récemment, le 7 juin 1869, la cour d'Aix a eu à s'occuper d'une « espèce » qui se présentait dans des conditions toutes particulières. Voici, en quelques mots, les faits de cette affaire :

M. Mataran, passant à Malte, pour aller s'établir en Egypte, engagea Mlle Mazuchelli à le suivre. La jeune fille résista d'abord ; mais il ne perdit point courage ; il la séduisit en lui promettant de l'épouser. Après avoir vécu *onze ans* avec lui, Mlle Mazuchelli apprit que son amant était marié ! Elle l'abandonna aussitôt, et lui réclama 10,000 fr. de dommages-intérêts.

Le tribunal consulaire de France à Alexandrie, par jugement du 11 décembre 1867, condamna Mataran à payer 4,000 fr. à celle qu'il avait perfidement séduite et indignement trompée.

La cour d'Aix a confirmé ce jugement, et décidé, conformément aux principes, que l'inexécution d'une promesse de mariage faite par un homme marié peut donner lieu à des dommages-intérêts, lorsque cette promesse a été employée comme moyen de séduction et a été la cause déterminante des relations illégitimes consenties par une jeune fille sous l'empire d'un espoir mensonger. — Cet arrêt de la cour d'Aix a été maintenu par la cour de cassation (1).

Plus récemment encore, le 10 février 1875, le

(1) Cassation. 17 mai 1870, (Dalloz 1871. 1. 52.)

tribunal de Nancy a eu à statuer sur la demande
d'une jeune fille qui n'avait cédé aux instances de
son amant qu'après une promesse formelle de mariage. Cette promesse avait été mise en œuvre,
comme moyen de séduction, avant le commencement des relations illicites. Le tribunal a vu dans
ce fait un quasi-délit, et a condamné le séducteur
à payer 3,000 fr. de dommages-intérêts (1).

* *
*

Quand, à l'occasion de cet ouvrage, nous avons
parcouru les annales de la jurisprudence, nous
avons remarqué que les juges, appréciant les faits
qui leur étaient soumis, tenaient toujours compte
de l'*âge* de la personne séduite. Ceci est fort rationnel.
Il est certain, — ainsi que nous le disions tout à
l'heure, — qu'une fille ou une femme de vingt-
cinq ou trente ans doit avoir assez d'énergie pour
défendre elle-même sa vertu, assez d'expérience
pour comprendre les conséquences d'une faute,
assez de discernement pour déjouer les insidieuses
promesses d'un Lovelace.

Il y a quelques années, en 1869, le tribunal du
Puy était saisi de la demande d'une fille âgée de
vingt-six ans. Cette fille N... était au service de
M. X... — soyons discrets ! — Bientôt, M. X...

(1) *Le Droit.* n° du 10 octobre 1875.

faisant fi de l'amour-propre, prit pour maîtresse sa domestique. Une grossesse survint. La servante prétendant que son maître lui avait promis de l'épouser, dit qu'elle voulait bien être sa femme, mais non pas son esclave, et elle demanda à ce pacha bourgeois une forte somme de dommages-intérêts.

On plaida; et le tribunal rendit un jugement qui, vu les circonstances de la cause, nous paraît justement motivé. Le tribunal, dans sa sentence, a énoncé d'abord les principes que nous connaissons, et il a ajouté ceci :

« Attendu que les tribunaux ne doivent admettre qu'avec une réserve extrême les présomptions ou les preuves qui les exposeraient à confondre la chute d'une jeune fille qui cède à l'empire de la *séduction* avec la faute de celle qui succombe à un *entraînement mutuel* ou au déréglement des sens ;

« Attendu qu'en semblable matière, ils doivent surtout prendre en considération l'*âge*, la maturité de celle qui prétend être une victime, et les circonstances qui ont pu sérieusement lui faire croire à la possibilité d'un mariage ;

« Attendu que, de prime abord, les circonstances dans lesquelles se serait produite la grossesse de la fille N..., s'opposent à ce que l'on admette qu'elle se soit livrée à X..., sous la pression que ce dernier aurait exercée sur elle en lui promettant de l'épouser ; — qu'en effet elle avait vingt-six ans

quand elle est entrée comme cuisinière au service
de ce dernier ; — qu'il est difficile de croire qu'à
cet âge, et dans la position qu'elle occupait chez
son maître, elle ait pu penser, d'une manière sérieuse, que ce dernier voulait faire d'elle son
épouse légitime, etc... »

Par ces motifs, le tribunal du Puy rejeta la
demande de la cuisinière (1).

C'était justice : les magistrats ne peuvent admettre toutes les réclamations des personnes qui
se prétendent séduites, — alors surtout qu'elles
comptent cinq ou six lustres ! Il y aurait là une
prime offerte à l'immoralité.

La condamnation du séducteur dépend, évidemment, des circonstances qui entourent chaque
affaire ; et il est certain, nous le répétons, que,
dans des procès de cette nature, l'*âge* de la demanderesse doit avoir une juste influence sur la
décision des magistrats.

***

Les séducteurs emploient, habituellement, la
promesse de mariage, comme moyen de séduction ;
mais il leur arrive de négliger ce moyen, — quand
par exemple il existe trop d'écart entre leur position sociale et celle de la jeune fille qu'ils con-
voitent. Ils sont riches, ils sont puissants ; alors

(1) Jugement du 20 janvier 1800, (Dalloz. 1870. 3. 12.)

ils abusent de leur fortune, de leur situation, de leur influence, pour captiver leur proie.

Ainsi, on voit assez fréquemment des patrons, des chefs d'atelier qui abusent de leur position pour débaucher de jeunes ouvrières — après les avoir embauchées. La responsabilité du séducteur est évidente ; et, dans ces circonstances, les tribunaux n'hésitent pas à accorder des dommages-intérêts à la victime. Exemple :

Le 6 juillet 1867, la quatrième chambre du Tribunal civil de la Seine a condamné un patron, qui avait *séduit* son apprentie, à payer à cette jeune fille une pension viagère de 300 fr. par an.

Souvent les séducteurs ont recours à la contrainte et emploient de véritables manœuvres dolosives.

Dans ce cas, la culpabilité du séducteur s'accentue encore davantage : la victime, — car ici il y en a une assurément, — a droit à une réparation ; et si elle porte ses griefs devant la justice civile, sa demande doit être favorablement accueillie.

« La séduction ne peut, *en l'absence de manœuvres dolosives*, de la part du séducteur, donner lieu à une action en dommages-intérêts. »

Voilà un point qui a été établi par plusieurs décisions de cours d'appel (1). En admettant ce

(1) Angers, 2 décembre 1868. (Dalloz. 1860. 2. 241.)— Dijon, 9 juin 1869. (Dalloz. 1871. 5. 313).

principe les magistrats ont déclaré, implicitement, que lorsque le séducteur employait des manœuvres dolosives, à l'égard d'une jeune fille, il était civilement responsable de la séduction. Au reste, d'autres arrêts l'ont déclaré d'une façon positive.

Voici, par exemple, une grave affaire qui va nous dévoiler des faits de séduction bien caractérisés. Le *dol* ici est manifeste.

Il s'agit, en effet, d'une jeune fille, Brigitte Beaudoin, n'ayant pas encore atteint sa quatorzième année et venant à peine de faire sa première communion ! Gibout, le séducteur, n'a pas usé de violence pour commettre cet attentat, — rendons-lui cette justice, — il a employé *seulement* la « contrainte morale » pour entraîner au mal une petite fille sans défense et n'a pas craint de lui donner la charge d'un enfant !... Nous savons que, sous l'empire de la législation actuelle, il n'y a, dans cet acte honteux, ni crime ni délit !

Mais si, grâce à la tolérance du code pénal, on ne peut traîner le coupable devant une juridiction répressive, on peut du moins le traduire devant la juridiction civile.

Donc, les parents de la jeune Beaudoin se plaignent. Gibout est assigné devant le tribunal de première instance, et le séducteur éhonté est condamné à 5,000 fr. de dommages intérêts.

Gibout ne se tient pas pour battu ; il fait appel

devant la Cour de Dijon. Que décide la Cour ? Le voici, — l'arrêt mérite d'être cité :

« LA COUR, — Considérant que là où il n'y a ni crime, ni délit, aux termes de la loi pénale, il peut néanmoins y avoir lieu à réparation civile du dommage causé par celui contre lequel la réparation est demandée : que c'est un des cas ordinaires de l'article 1382 du code Napoléon ;

« Considérant que, — s'il y aurait un extrême danger à admettre, en principe, que toute femme se prétendant séduite et délaissée a, par cela même, action en justice contre son prétendu séducteur, pour obtenir par voie judiciaire le prix de ses faiblesses et d'un entraînement le plus souvent réciproque, — *le principe contraire, posé d'une manière absolue, n'aurait pas un moindre danger pour la morale publique et l'honneur des familles* ;

« Considérant que, dans la cause actuelle, il s'agit d'une enfant de treize ans et demi, venant de faire sa première communion, placée de confiance, comme domestique, dans une maison qui semblait offrir toute garantie, et qui se trouve victime des *séductions* d'un jeune homme de vingt-quatre ans, frère de la maîtresse de cette maison ; — que l'inégalité d'âge, d'intelligence, de position, même de forces physiques, ne permettent pas de douter qu'il n'y ait eu, à l'égard de la jeune Brigitte Baudoin, une CONTRAINTE MORALE exclusive d'un consentement intelligent et d'un entraînement volontaire ; — que dans ces circonstances exceptionnelles, la réparation incombe donc tout entière au séducteur, qui n'a pas craint d'ailleurs d'ajouter à ses premiers torts celui des plus graves et des plus injurieuses imputations ;

« Considérant que la somme de 5,000 francs de dommages-intérêts allouée par le jugement à la jeune Brigitte Beaudoin, sur la demande de son père, n'est point excessive, eu égard à son état d'absolu dénûment, à la charge de l'enfant dont elle est devenue mère, et au préjudice moral résultant de la conduite du sieur Gibout envers elle ; — Considérant enfin que cette somme n'est point hors de proportion avec la situation de fortune de l'appelant ;

« Par ces motifs, confirme le jugement (1).

*
* *

Dans cette dernière affaire, la demande avait été formée peu de temps après la séduction, par le père de la jeune fille, encore mineure. La recevabilité d'une telle action est alors évidente.

Mais si la demande est formée cinq ans, dix ans après la séduction, la prétendue victime peut-elle réclamer si tardivement des dommages-intérêts ? N'a-t-elle pas ratifié, dans la plénitude de sa volonté, le consentement imparfait, le *consentement involontaire* (si l'on peut s'exprimer ainsi) qui

(1) Dijon, 16 avril 1861. (Dalloz, 1861, 6. 423.)

jadis lui avait été arraché par des manœuvres dolosives ? Et si cette femme, au moment de sa chute, n'a eu qu'une faible part dans la faute, ne s'y est-elle pas ensuite complétement associée par sa libre complaisance ? Enfin, n'a-t-elle point pardonné l'offense qui lui a été faite ?

En pareil cas, les magistrats, qui ont à apprécier la variété infinie des actions humaines, auront évidemment des distinctions à faire.

Si la femme, acceptant plus tard la situation qui lui a été imposée par son séducteur, a bien voulu vivre plusieurs années avec cet homme et a continué, de son plein gré, ces relations illégitimes, il est bien certain que la justice ne pourra *recevoir* une plainte formée après cinq ans, dix ans de concubinage volontaire !

Si, au contraire, cette femme qui voulait revenir à bien, a été dominée et retenue par une sorte de « contrainte morale » sous la dépendance de son séducteur ; si elle est devenue grosse et n'a pu s'affranchir du joug de son amant sans s'exposer, elle et ses enfants, à la plus profonde misère, — il est difficile, selon nous, d'invoquer la durée de cette pénible situation, pour prétendre que la femme a librement et sincèrement ratifié la conduite de son séducteur ; et si la victime de cette séduction était lâchement délaissée au bout de plusieurs années, il nous semble que son action serait encore *recevable*.

Nous avons parlé plus haut du cas de Mlle Mazuchelli : l'action en indemnité fut accueillie, on
s'en souvient, onze ans après la séduction, à raison des circonstances particulières de la cause.

Au surplus, voici une autre affaire qui pourra
jeter un nouveau jour sur la question. Ce procès
eut, en 1862, un grand retentissement dans le
monde judiciaire ; il a donné lieu à de savantes
consultations de MM. Thomine-Desmazures, Ber-
ryer, Sénard, Dufaure et Demolombe ; il a sou-
levé des polémiques fort intéressantes ; nous ne
pouvons nous dispenser de le mentionner ici.

Une demoiselle de trente-cinq ans, Mlle G....,
avait intenté devant le tribunal de Vire, contre
M. L....., âgé de cinquante et un ans, une demande tendant à ce que cet homme fût condamné
à lui payer la somme de 10,000 fr. de dommages-
intérêts : elle lui reprochait de l'avoir séduite à
l'âge de seize ans, alors qu'il était marié et père
de famille, et de l'avoir successivement rendue
mère de six enfants ; elle l'accusait, en outre, de
l'avoir empêchée de se livrer au travail, de prendre
une profession lucrative et de revenir au bien. A
l'appui de cette demande, Mlle G.... produisait
des pièces émanées de son séducteur, et notamment des lettres et un testament olographe ; elle
prétendait trouver dans ces documents la preuve
manifeste des faits dont elle se plaignait et l'engagement pris par M. L... de lui payer une

indemnité ; elle offrait, du reste, de prouver que son séducteur avait toujours payé, pour ses enfants, les frais de nourrice et de pension.

Le 11 juillet 1861, le tribunal rendit un jugement, par lequel il accueillait, en principe, l'action de Mlle G....., mais réduisait le chiffre de la demande.

En 1862, la Cour de Caen confirma le jugement, et éleva le chiffre de l'indemnité. Finalement, M. L..... était condamné à payer 4,000 fr. à celle qu'il avait séduite, plus une rente viagère de 500 fr. ; il était condamné en outre à payer, pour chacun des enfants, une pension de 500 fr., jusqu'à la dix-huitième année, et à compter de la dix-huitième année, une rente annuelle et viagère de 250 francs (1).

Le Tribunal et la Cour virent, dans toute la conduite de ce riche personnage, de coupables *manœuvres* qui avaient singulièrement aggravé la séduction et qui avaient eu pour résultat de « briser l'avenir » de la victime, en l'empêchant de revenir dans la bonne voie.

Il serait trop long de reproduire ici tous les motifs de l'arrêt ; en voici cependant quelques-uns qui méritent d'être signalés :

« Considérant que la faute dont la fille G..... se prétend la victime ressort non-seulement des

(1) Caen, 10 juin 1862. (Dalloz, 1862, 2, 131.)

lettres de L..... mais des autres faits constants au procès ; — que l'intimée avait à peine *dix-huit ans* lorsque L..... avait obtenu d'elle ce qu'il appelle son « sublime sacrifice, » si elle n'était pas plus jeune ; — qu'elle était fille d'artisans qui avaient eu besoin de recourir à la bourse de l'appelant ; qu'elle était pure et sans expérience (c'est encore lui qui l'a écrit dans les lettres produites) ; — que L..... au contraire avait le double de son âge ; — qu'il était dans une position élevée, et par sa fortune et par ses relations ; — que pour vaincre une *résistance* qu'il avait d'abord éprouvée, puisqu'il traite de « sacrifice » la chute de la fille G....., il a dû employer de ces *manœuvres* auxquelles une jeune fille innocente et pure ne pouvait résister ; — que cette séduction, qui ne peut être comparée aux séductions ordinaires, dans lesquelles on ne saurait trouver un coupable et une victime, constitue donc, de la part de L....., une véritable faute dont il doit la réparation, s'il y a eu préjudice souffert. — Or, considérant que la fille G....., par suite de ses relations coupables avec elle, a vu son « avenir brisé », (c'est encore lui qui le dit dans ses lettres), — que sans la séduction dont elle a été *victime*, elle eût pu vivre honnêtement et devenir une mère de famille honorable ; — que c'est par le fait de L..... qu'une pareille existence lui a été refusée ; — qu'elle n'a pas appris un métier qui eût pu lui servir à subvenir à ses besoins, et que c'est encore par la faute de l'appelant qu'elle a été privée de cette ressource ; qu'il lui a donc causé un *préjudice grave* dont, aux termes de l'article 1382, il doit être responsable. »

Pourvoi de M. L..... devant la Cour de cassation.

La Cour suprême a rejeté le pourvoi (1) et, consacrant la jurisprudence de la Cour de Caen, a décidé, en substance, que la séduction, — lorsqu'elle n'a pas les caractères d'une séduction ordinaire, d'un rapprochement volontaire, mais consiste dans une suite de manœuvres dolosives et de moyens honteux employés par un séducteur riche et influent, pour retenir une fille jeune et sans expérience dans des liens qu'elle voulait rompre, — peut être considérée comme un *quasi-délit* susceptible de servir de base à une action en dommages-intérêts (art. 1382).

Il est donc certain qu'une femme peut, même plusieurs années après la séduction, demander une indemnité à l'homme qui l'a perdue, — alors que cet homme a abusé de son influence pour retenir sa victime dans des chaînes qu'elle voulait briser, — et alors surtout qu'il a pris l'engagement d'indemniser celle qu'il a délaissée.

(1) Cassation, 26 juillet 1864. (Dalloz, 1864, 1, 347.)

* *

Il arrive — quelquefois — qu'un séducteur, cédant à un remords de conscience, s'engage lui-même à réparer ses torts et à dédommager sa victime.

Un tel *engagement* est-il valable? N'est-ce pas un de ces contrats qui touchent au libertinage, qui sont contraires aux bonnes mœurs et que la loi déclare illicites?...

Des arrêts ont décidé, avec raison, qu'une obligation ayant pour *cause* des relations déshonnêtes entre le souscripteur et la bénéficiaire, est nulle, aux termes de l'article 1131 du Code civil, comme ayant une *cause illicite* (1).

Mais il faut faire ici une distinction capitale : Oui, un jeune homme ne peut valablement contracter un engagement pour déterminer une jeune fille à avoir des relations avec lui ou pour récompenser une complaisante faiblesse. La *cause* d'un tel contrat, d'un tel marché, si vous voulez, est contraire à l'honnêteté publique, et c'est en ce sens que « les dons entre concubins sont nuls. » La Justice se rabaisserait elle-même en donnant

---

(1) Riom, 11 août 1846. (D. 1846, 2, 179.) — Cassation, 2 février 1853. (D. 1853, 1, 57.) — Besançon, 10 mars 1862. (D. 1862, 2, 58.)

sa souveraine sanction à des engagements aussi abjects !

Si, au contraire, l'obligation souscrite a pour *cause*, non pas un commerce immoral, non pas le prix de la débauche, — mais la reconnaissance de torts réels et la réparation spontanée du préjudice causé à la jeune fille qu'on a séduite et rendue mère, une telle cause est absolument licite (1). — Non-seulement cette cause est licite, mais elle est fort louable, à nos yeux ; car, si tous les séducteurs, après avoir cédé aux entraînements du libertinage, écoutaient la voix de leur conscience et indemnisaient sérieusement leurs victimes, ils sauveraient souvent la vie à leurs enfants : il y aurait moins d'infanticides !

*
* *

Il arrive généralement, — nous en avons eu l'exemple dans quelques-unes des affaires que nous venons de résumer, — il arrive généralement que la séduction est suivie de grossesse.

La fille séduite est alors forcée d'afficher sa honte aux yeux de tous ; elle est publiquement déshonorée ; elle subit les rudes douleurs de l'en-

---

(1) Cassation, 24 mars 1848. (D. 1848, 1, 177.) — Douai, 3 décembre 1853. (D. 1853, 2, 132.) — Grenoble, 23 janvier 1864. (D. 1864, 5, 284.)

fantement ; elle supporte toutes les charges, toutes les angoisses de la maternité ; elle est obligée de nourrir et d'élever l'enfant que lui a laissé un égoïste libertin. Si elle n'est pas riche, — et c'est l'ordinaire, — elle est bien digne de pitié ! Si elle est ouvrière, on la chasse de l'atelier ; si elle est domestique, on la chasse de la maison où elle avait un abri ; partout on la repousse ; et souvent on la jette dans une profonde misère !...

Aussi, lorsqu'à la honte de la séduction vient se joindre le fardeau de la maternité, le préjudice causé à la fille séduite est beaucoup plus considérable. — Cela est certain. Mais ici une difficulté se présente : les tribunaux doivent-ils, pour apprécier le dommage causé, avoir égard à l'existence de l'enfant ? Le peuvent-ils, en présence de l'article 340 du code civil qui interdit, comme nous le savons, la recherche de la paternité ?

La question ne laisse pas d'être délicate.

Si l'on dit *non*, si l'on ne tient pas compte de la grossesse et de ses conséquences, la réparation du préjudice sera très-incomplète, car la charge de pourvoir à la subsistance, à l'entretien, à l'éducation de cet enfant est, en somme, un élément essentiel, et même l'élément principal du préjudice causé à la fille-mère.

Si l'on dit *oui*, si l'on a égard à l'existence de l'enfant, on semble méconnaître les dispositions de l'article 340 et attribuer forcément au séducteur une paternité que la loi défend de rechercher.

Quelques jurisconsultes ont soutenu que si une action en dommages-intérêts pouvait avoir une telle conséquence, les tribunaux admettraient, d'une manière détournée, la recherche de la paternité, et, — sous prétexte de séduction, — imposeraient à un homme la charge d'enfants qui, civilement, lui seraient étrangers.

La cour de Caen parut partager d'abord les scrupules de ces légistes. — Exemple :

Une demoiselle Foucher, âgée de vingt-sept ans, avait intenté une action contre un sieur Desmortreux, qui lui avait promis le mariage et avait obtenu, — grâce à ce moyen de séduction — des faveurs anticipées. Une grossesse avait été la conséquence, bien naturelle, de ces relations illégitimes.

Le tribunal de première instance, — malgré l'article 340, — avait admis en principe que la grossesse pouvait être un élément sérieux du préjudice causé à M\u1d48\u2091 Foucher, et avait, en conséquence, ordonné une enquête.

La cour de Caen infirma le jugement, et voici un des motifs de l'arrêt :

« . . . . . Considérant enfin que les premiers juges, par l'avant-faire droit qu'ils ont ordonné, ont basé l'action en dommages-intérêts sur le fait de la grossesse de la fille Foucher attribuée à Desmortreux ; — qu'une pareille enquête pourrait donner plus tard ouverture à la recherche de la paternité et favoriser ainsi, par des moyens indirects, des demandes que la loi défend d'une manière directe et absolue (1). »

Cette décision était-elle exactement juridique ? M. Demolombe ne l'a pas pensé, et, à l'occasion même de cet arrêt, il a présenté des observations très-précises dont voici les principaux passages :

« Autre chose, dit le savant jurisconsulte, est la recherche de la paternité formée PAR L'ENFANT ou en son nom, afin de faire constater la filiation et d'en obtenir les effets contre l'homme qu'il prétend être son père; — autre chose l'action en dommages-intérêts formée PAR LA FEMME, pour la réparation du préjudice qui lui a été causé par un homme, sur la foi d'une promesse de mariage, dont il s'est joué ensuite. Tous les éléments du fait peuvent alors être pris en considération et par conséquent être admis en preuve, — sans excepter le point de savoir si celui qui oppose à la femme sa grossesse pour l'abandonner n'en est pas lui-même personnellement l'auteur.

« Ces deux actions diffèrent sous ce double rapport :

1° DES PERSONNES QUI Y FIGURENT : dans l'une, l'enfant seulement, sans la femme; dans l'autre au contraire, la femme seulement, sans l'enfant;

(1) Caen, 24 avril 1850. (Dalloz. 1855. 2. 178).

2º DES INTÉRÊTS QUI S'Y DÉBATTENT : la première ne concerne que l'état de l'enfant ; la seconde, tout à fait indépendante de l'état de l'enfant, ne concerne que les dommages-intérêts de la femme.

« La première action, sans doute, est défendue par l'article 340; mais la seconde est permise par l'article 1382 (1). »

Ces considérations, présentées avec tant de lucidité par l'éminent jurisconsulte, sont aussi nettes que décisives; elles s'imposent à l'esprit avec une telle autorité que, la cour de Caen, appelée, quelques mois après, à juger une affaire analogue, n'hésita pas — conversion remarquable — à modifier sa jurisprudence !

« Considérant, — dit la Cour, dans un arrêt du 10 juin 1850 (2) que la réparation du préjudice causé doit, — en principe, — s'appliquer à toute espèce de préjudice, quel qu'il soit, pourvu toutefois qu'il soit appréciable en argent,... qu'elle doit comprendre tout à la fois et les pertes matérielles actuellement réalisées et celles qui seront la conséquence nécessaire du tort fait à la réputation, telles que l'impossibilité de se procurer un établissement ou d'exercer un état à l'aide duquel on aurait été mis à portée de pourvoir à ses besoins; — qu'elle doit comprendre notamment la gros-

(1) Recueil des Arrêts de la Cour de Caen. T. XIV. p. 586.
(2) Caen, 10 juin 1850 (Dalloz. 1855. 2. 178.)

sesse et l'accouchement de la fille délaissée, qui
non seulement la livrent à tous les inconvénients
à venir de son honneur perdu, mais encore sont
dès à présent pour elle une cause de dépense; —
que ce fait de la grossesse ne doit sans doute être
pris en considération qu'avec une grande réserve;
qu'il ne peut jamais ni servir de prétexte à une
recherche de paternité, formellement interdite par
l'article 340, ni attribuer à l'enfant qui n'a pas été
reconnu, conformément à l'article 334, aucune espèce de droit contre l'homme auquel on l'impute,
— mais qu'il constitue nécessairement, s'il de-
MEURE BIEN CONSTANT, l'un des éléments du dommage dont la mère doit obtenir l'indemnité. »

On peut dire aujourd'hui que la jurisprudence
est fixée en ce sens. (1)

Cette jurisprudence ne bat pas en brèche le principe édicté par l'article 340 du Code civil. Sans
doute « la recherche de la paternité est interdite »
en France, et, aujourd'hui, nul ne peut établir,

(1) Cassation, 24 mars 1845. (D. 1845. 1. 177.) — Montpellier, 18 mai 1851. (D. 1855. 2. 178.) — Colmar, 31 décembre
1863. (D. 1865. 2. 21).

On peut citer un arrêt contraire : Rennes, 11 avril 1866.
(D. 1866. 2-184.) Mais cette décision ne peut prévaloir contre
tous les autres arrêts, surtout contre l'arrêt de la Cour suprême,
et contre l'autorité des jurisconsultes qui approuvent cette jurisprudence.

par voie indirecte, à l'aide d'une enquête ou au
trement, des rapports de *filiation* et des obligations de paternité. — Sous l'empire de la législation actuelle, une reconnaissance faite dans des
lettres, dans des actes sous seing-privé, ne vau-
drait même pas, devant un tribunal, comme
preuve juridique de la paternité !... Mais il ne
s'agit pas ici d'une question d'*état*, soulevée par
l'enfant, ou au nom de l'enfant, comme l'a très-
bien fait observer M. Demolombe; il s'agit d'un
fait de séduction, d'un *fait* de grossesse et du *préjudice* causé à la femme par ce double fait ; en un
mot, il s'agit d'une simple question de dommages-
intérêts.

Si un *viol* est commis, si cet attentat est suivi
de grossesse, et si le fait est constant, est-ce qu'on
peut soutenir que la victime du crime, se retour-
nant contre le coupable, ne peut, en se portant
partie civile, faire valoir sa grossesse comme un
élément du *préjudice* causé ? Nous ne le pensons
pas.

Eh bien ! il en est de même, en cas de séduction. Une fille a été séduite; elle est devenue mère.
Le fait est établi; le séducteur, par exemple,
(comme dans l'affaire soumise à la cour de Caen)
l'a reconnu dans sa correspondance; il s'est attribué lui-même les conséquences de ces relations
illicites.

Peut-on empêcher la fille-mère de demander

au coupable la réparation du dommage dont il s'avoue l'auteur ?

Il ne s'agit pas, — qu'on le remarque bien ! — de faire élever ou adopter, forcément, par le premier homme venu, un enfant qu'il refuse de «reconnaître.» Non ! Il s'agit simplement de faire réparer, par le séducteur d'une fille, le préjudice dont il s'est attribué la responsabilité. C'est chose fort différente !

Aussi, il a été jugé, en ce sens, que « l'aveu fait par un homme qu'une femme est enceinte de ses œuvres et l'engagement de payer une somme, soit pour indemniser la femme, soit pour subvenir aux soins de l'enfant, ne doivent pas être considérés comme une reconnaissance de l'état de l'enfant, mais comme une convention relative à des intérêts purement pécuniaires (1). »

* *

Le séducteur, tout en avouant ses relations avec une jeune fille devenue mère, peut-il objecter que cette fille a eu des rapports intimes avec d'autres hommes, et que, par conséquent, l'auteur de la grossesse est incertain ? Peut-il offrir la preuve de ces faits ?

— Oui, dans certains cas : si, par exemple, le

(1) Cassation - 3 janvier 1848. (D. 1848. 1. 31).

tribunal, conformément à la doctrine de M. Demolombe, autorise la fille-mère, qui demande des dommages-intérêts, à prouver que l'homme qu'elle a assigné est « personnellement l'auteur de la grossesse, » cet homme, en qualité de défendeur, pourra évidemment, par voie de *contre-enquête*, offrir la preuve contraire ; et s'il établit qu'à l'époque de la conception la demanderesse avait plusieurs amants, nous pensons que les juges ne pourront, en bonne justice, faire retomber sur lui personnellement la responsabilité de la grossesse.

Mais, en règle générale, nous croyons que les tribunaux doivent autant que possible, — sous l'empire de la législation actuelle, — éviter d'ordonner des enquêtes et contre-enquêtes, plus ou moins scabreuses, sur le fait de la paternité.

Il nous semble que lorsqu'un tribunal est appelé à statuer, non pas sur une recherche de paternité, mais sur une simple question de dommages-intérêts, au profit d'une fille-mère, il doit tenir compte de la grossesse, comme élément de préjudice, surtout dans le cas où le séducteur a déjà reconnu, soit verbalement, soit dans ses lettres, soit par ses actes, qu'il se considérait comme père de l'enfant. Il y a alors, dans la cause, des preuves suffisantes, ou tout au moins des présomptions graves, précises et concordantes qui rendent toute enquête superflue.

Si donc, avant le procès, le séducteur a fait des

aveux, s'il a déjà manifesté ses paternelles intentions, s'il a pris l'engagement de payer les mois
de nourrice, les juges pourront, malgré ses déné-
gations tardives, malgré ses protestations de défendeur intéressé, malgré toutes ses offres de
preuve, le condamner à indemniser la fille-mère
qu'il a séduite.

Si, au contraire, le prétendu séducteur ne s'est
jamais considéré comme l'auteur de la grossesse ;
si, dans ses lettres ou ailleurs, il n'a pris aucun
engagement; si rien dans la cause ne fait légalement présumer que cet homme est le père de l'enfant, il est prudent, selon nous, de débouter la
fille séduite de sa demande *relative au fait de
grossesse*, et d'écarter alors, sur ce point, toute
enquête ou contre-enquête.

Voici, du reste, une affaire dans laquelle le séducteur, pour repousser une demande en indemnité, avait offert de prouver que la demanderesse
avait eu des relations avec d'autres amants. Nous
allons voir comment la justice a accueilli cette
objection et cette offre de preuve.

Le fait s'était passé dans un village de l'Alsace,
il y a quelque vingt ans. Théophile Cahn avait
rencontré sur ses pas une jeune alsacienne, Elise
Lehmann ; il la rechercha. Théophile promit à
Elise de l'épouser et la séduisit à l'aide de promesses de mariage constamment réitérées : elle

devint mère deux fois, en 1858 et 1859. Les relations durèrent longtemps. Cependant, en 1862, Théophile était sur le point d'épouser une autre femme, quand Elise traduisit cet amant infidèle devant le tribunal de Schlestadt, pour le faire condamner à lui payer 5,000 francs, tant à titre de dommages-intérêts que pour frais de couches et d'entretien de son enfant; elle produisit, à l'appui de sa demande, une longue correspondance tendant à établir les torts de son séducteur.

Théophile Cahn répondit en posant en fait et offrant de prouver :

1° Que déjà, en 1854, Elise Lehmann avait des relations avec un sieur Lehmann, de Zellwiller, jusqu'au mariage de ce dernier, et avec d'autres individus de la commune; qu'elle entretenait même une correspondance suivie avec l'un d'eux;

2° Qu'elle avait passé avec ledit Lehmann des journées entières à Strasbourg;

3° Que, dans les années 1856 et 1857, elle avait été rencontrée dans les rues et hors de la commune, à minuit, accompagnée de plusieurs jeunes gens;

4° Que jusqu'à la même époque, date de la naissance de son premier enfant, elle recevait chez elle, nuitamment, divers individus;

5° Que ses promenades nocturnes avec des jeunes gens s'étaient continuées pendant les années 1858 et 1859;

6º Que vers le temps coïncidant à la conception et à la naissance du premier enfant, elle recevait toutes les nuits la visite d'un nommé Jacques Lehmann;

7º Qu'elle recevait de ceux qui venaient ainsi chez elle de l'argent et des cadeaux.

Elise Lehmann se trouvant diffamée par cette grave articulation de faits, y répondit par une demande additionnelle en 2,000 francs de dommages-intérêts.

Le 11 juin 1863, le tribunal de Schlestadt rendit un jugement ainsi conçu :

« Considérant que si le fait unique de relations illicites ne suffit point pour donner lieu à une action en dommages-intérêts, il n'en est pas de même quand il y a tout à la fois promesse de mariage et séduction ;

« Que ces deux éléments donnent à la promesse un caractère *dolosif* et en font un véritable quasi-délit tombant sous l'application de l'article 1382 ;

« Considérant que le défendeur, qui avait d'abord qualifié de mensongères les imputations de la demanderesse, a posé des faits dont il offre de rapporter la preuve ;

« Considérant que ces faits, s'ils étaient prouvés, ne détruiraient pas la vérité des griefs de la demanderesse, qui se trouvent parfaitement justifiés par une correspondance non interrompue, de 1851 à 1859 inclusivement;

« Considérant que les lettres cotées sous les numéros 1, 2, 3, etc..., établissent péremptoirement la promesse de mariage qui a donné lieu à l'intimité des relations ; que les lettres cotées sous les numéros 25, 27, etc..., prouvent non moins clairement que le défendeur entendait se charger de toutes les dépenses occasionnées par la grossesse et les couches de la demanderesse ;

(Suivent d'autres considérants qu'il est inutile de citer ici.)

Se fondant sur ces motifs le Tribunal de Schlestadt a rejeté, comme inutile et immorale, la preuve offerte par le séducteur et l'a condamné à payer à Elise Lehmann une somme de 3,000 fr., à titre de dommages-intérêts pour frais de couches et d'entretien auxquels il s'était obligé.

La Cour de Colmar, sur l'appel de Théophile Cahn, confirma ce jugement, en adoptant les motifs des premiers juges (1).

On voit que le Tribunal et la Cour, dans cette espèce, n'avaient pas à rechercher la paternité, même indirectement, et, au surplus, n'avaient pas à ordonner l'enquête demandée par le séducteur. Ce n'était pas là leur rôle, et du reste, cette inquisition était absolument inutile : le séducteur avait présumé *lui-même* qu'il était père de l'enfant ! Malgré cette reconnaissance officieuse, la Cour

(1) Colmar, 31 décembre 1803. (Dalloz, 1805, 2, 21.)

n'a eu garde de déclarer, judiciairement, que Théophile Cahn était père officiel de l'enfant; elle s'est bornée à sanctionner un engagement relatif à des intérêts pécuniaires, et il est manifeste que cette décision n'a rien de contraire à l'article 340.

*
* *

Dans cette affaire, comme dans beaucoup d'autres de ce genre, la correspondance des parties a joué un grand rôle. *Verba volant, scripta manent.*

— Mais, dira-t-on, les lettres du séducteur peuvent-elles être ainsi livrées à la publicité d'une audience, avec tous les secrets et toutes les confidences qu'elles renferment ?

— Oui, certes, les lettres du séducteur peuvent être produites au cours des débats! Elles doivent être victorieusement opposées à l'homme indélicat qui a trahi sa foi : c'est souvent la seule preuve que la victime puisse invoquer contre lui, et il est juste qu'elle s'en serve. Il est admis en principe « qu'une lettre est la propriété de celui qui la reçoit. » (1) Cependant, une lettre missive est une propriété d'une nature toute spéciale, et quelquefois, lorsqu'il s'agit de produire des lettres en justice, des objections épineuses peuvent s'élever.

(1) Dalloz, *Jurisprudence générale*. V° Lettre missive, n° 7.— Laurombière, t. IV. sur l'art. 1331, n° 14.

Mais, dans le cas qui nous occupe, une femme qui a reçu personnellement des lettres de son séducteur a très-certainement le droit de s'en servir, devant les tribunaux, pour établir contre celui qui les a écrites, soit un aveu, soit un engagement qui peut servir de base à sa demande en dommages-intérêts.

Quant aux lettres confidentielles écrites à des tiers, il est admis en principe que toute personne autre que le destinataire ne peut s'en prévaloir en justice. Toutefois, la jurisprudence admet quelques exceptions à cette règle : ainsi, des lettres écrites à un tiers peuvent être produites en justice, sans le consentement de leur auteur, lorsqu'elles n'ont été écrites à ce tiers que pour qu'il les communiquât à celui qui se propose d'en faire usage. (1)

Les lettres — comme les billets et tous les actes sous-seing privé — peuvent donc être invoquées, en général, contre le séducteur ; cette production de la correspondance est nécessaire, dans ces sortes de procès, plus peut-être que dans d'autres, et c'est ordinairement la source où les magistrats doivent puiser leur conviction.

***

Nous venons de voir que, lorsqu'il s'agit d'apprécier le dommage causé à une fille séduite, il doit

(1) Besançon, 8 février 1844. (D. 1845. 2. 336.) — Caen, 3 juin 1862 (D. 1862. 2. 132.)

être tenu compte de la grossesse et de ses suites, surtout s'il résulte des déclarations ou des lettres du séducteur qu'il s'est considéré lui-même comme « l'éditeur responsable. »

Mais ici une autre question se présente : l'enfant lui-même peut-il avoir des droits à exercer contre l'auteur de la grossesse? La fille-mère peut-elle, au nom de son enfant, former une demande en pension alimentaire contre le séducteur ?

Evidemment, si l'enfant, ou la mère au nom de l'enfant, recherchait la paternité à l'encontre d'un homme, et lui demandait des aliments, comme conséquence légale de cette paternité, la demande ne pourrait être accueillie, en présence de l'article 340. Cela n'est pas douteux.

Mais si un homme, — sans « reconnaître » un enfant d'une manière authentique, — prend l'engagement de lui fournir des aliments, cet engagement est-il valable? Et si l'individu qui a souscrit cet engagement ne veut pas l'exécuter, la justice, sur la demande de l'enfant, peut-elle en ordonner l'exécution ?

M. Demolombe ne pense pas que les tribunaux puissent faire légalement exécuter une telle obligation (1). Cette autorité est imposante ; mais la majorité des auteurs et la jurisprudence elle-même

(1) Demolombe. T. V. no 420.

admettent la légalité et la validité d'un semblable engagement. (1)

En effet, il nous paraît certain qu'un engagement de conscience, une obligation naturelle, — dont la *cause*, en somme, est parfaitement morale, — est un engagement licite, très-licite, qui peut avoir la force d'une obligation civile. Quoi de plus moral, quoi de plus licite pour un homme que de fournir des aliments à son enfant ? Le père doit, naturellement, des aliments à ses enfants illégitimes, fussent-ils adultérins ou incestueux. Or, s'il leur doit des aliments, pourquoi ne pourrait-il pas s'engager valablement à leur en fournir ? Si un père, sans reconnaître, en la forme authentique, un enfant naturel, s'engage à subvenir à sa nourriture, à son entretien, à son éducation, il accomplit un devoir de conscience, qui doit être approuvé, ce nous semble, et sanctionné avec empressement par les magistrat^s

Aussi bien, c'est ce qu'a décidé la Cour suprême. Un arrêt assez récent, (2) a décidé que « l'obligation de subvenir aux besoins d'un enfant mineur est valable, quoique la cause n'en soit pas exprimée, s'il est constaté, en fait, que cette obligation a été contractée pour l'accomplissement d'un devoir de conscience ; et il n'importe qu'il soit allé-

---

(1) Dalloz, *Jurisp. gén.* V° Paternité, n° 672.
(2) Cassation, 27 mai 1862. (Dalloz, 1862. 1. 208.)

gué que la véritable cause de l'engagement ne serait qu'une paternité naturelle dont la recherche est défendue et qui ne peut, dès lors, être la cause d'une pareille obligation, si les juges ne se sont pas prononcés et n'ont pas eu à se prononcer sur cette paternité. »

Mais il ne suffirait pas que l'engagement fût exprimé en termes vagues, pouvant laisser planer quelque doute sur l'intention du souscripteur : *l'engagement doit être formel.* — C'est du moins ce que vient de décider un arrêt fraîchement publié (1). Voici les faits :

En 1863, des relations intimes s'établirent entre Paul Vautier et Marie Huteaux. Cette fille devint mère en 1865. En 1867, Paul Vautier — qui était un amant plein de constance, — n'avait pas encore mis fin à ces relations. Mais il mourut bientôt, laissant un enfant naturel non reconnu. En 1874, la dame Huteaux, agissant au nom et comme tutrice d'Esther Huteaux, fille de Marie Huteaux, fit assigner, devant le tribunal de Coutances, les consorts Coulomb, héritiers de Paul Vautier, en paiement d'une somme de cinquante mille francs, — tant à raison du préjudice causé à Marie Huteaux, qu'à titre de pension alimentaire pour l'enfant dont Paul Vautier se considérait comme le père, — ainsi que cela résultait de la correspondance.

(1) Caen, 5 juillet 1875. (Sirey. 1875. 2. 231.)

Le tribunal de Coutances rejeta cette demande.

La Cour de Caen confirma ce jugement, en adoptant les motifs suivants :

« Attendu qu'aux termes de l'article 340 du Code civil, la recherche de la paternité est interdite et que, suivant l'article 334 du même Code, la reconnaissance d'un enfant naturel ne peut résulter que d'un acte authentique ; — que dès lors Esther Huteaux, qui n'a en sa faveur aucune reconnaissance de cette nature, n'est recevable ni à établir que Paul Vautier était son père, ni à réclamer le bénéfice de cette filiation ; — Qu'à la vérité une obligation naturelle peut servir de base à un engagement civil ; que, notamment, celui qui se croit le père d'un enfant naturel peut valablement s'engager envers la mère de cet enfant à lui subvenir, quoiqu'il n'ait pas reconnu authentiquement l'enfant ; mais qu'une telle obligation, qui constitue déjà par elle-même une dérogation grave au double principe posé dans les articles 340 et 334 précités, ne peut donner lieu à une action en justice qu'autant que les termes sont *formels* et qu'ils révèlent, de la part du souscripteur, la volonté ferme, arrêtée, de se lier irrévocablement et de telle sorte que, si les relations illicites venaient à cesser, il pourrait être contraint de continuer les subsides ;

« Attendu que des deux lettres produites par la veuve Huteaux, il résulte que Paul Vautier se croyait le père de l'enfant dont Marie Huteaux était accouchée, le 30 novembre 1864, et avec laquelle il continuait de vivre maritalement; qu'il lui adressait les protestations d'attachement et de dévouement qui ne manquent jamais en pareille occurrence; mais qu'il n'a pris, ni envers Marie Huteaux, ni envers la fille de celle-ci, aucun engagement formel et irrévocable, pouvant être opposé à ses héritiers.

« Attendu que les expressions vagues et banales des deux lettres dont il s'agit ne constituent pas même un commencement de preuve par écrit d'un engagement de cette nature et que, dès lors, la preuve testimoniale offerte par la v° Huteaux n'est pas admissible ;

« Attendu enfin qu'il n'est pas même allégué que Paul Vautier ait *séduit* Marie Huteaux, ni qu'il lui ait fait des promesses de mariage ; que celle-ci était *plus âgée* que lui ; qu'elle avait plus d'expérience de la vie de Paris (où elle résidait depuis plusieurs années) que le jeune étudiant qui arrivait de province ; qu'elle a volontairement et librement noué, à ses risques et périls, des relations coupables avec Vautier ; — et que par suite, Esther Huteaux, n'est pas fondée, comme représentant sa mère, à réclamer le bénéfice de l'article 1382. »

Telle est, aujourd'hui, la jurisprudence ; et ce

6

dernier arrêt résume, en quelque sorte, les principes essentiels que nous avons énoncés.

On voit, en somme, que si le code pénal est muet sur la *séduction*, les tribunaux civils ont cherché, — surtout depuis une quinzaine d'années, — à atteindre les séducteurs, en s'appuyant sur l'article 1382, et à leur infliger le paiement d'une indemnité pécuniaire, comme conséquence de leur juste responsabilité.

On voit que les magistrats, sans méconnaître les règles fondamentales du droit français, ont protégé, autant qu'ils l'ont pu, les filles-mères et les enfants naturels, en donnant une sanction légale aux *engagements* formellement pris par les séducteurs.

Cette jurisprudence est, à nos yeux, aussi morale que légitime, et elle fait honneur à la magistrature qui l'a dictée.

⁎⁎

Cependant, — on a peine à le croire, — il s'est trouvé des gens éclairés, des légistes, des jurisconsultes qui sont venus critiquer ces hautes et saines décisions de la magistrature française!

Un éminent professeur de droit, aujourd'hui sénateur, M. Bertauld, — à l'occasion de l'affaire jugée, en 1862, par la cour de Caen, a blâmé énergiquement cette « tendance » de la jurispru-

donce (1). M. Bertauld, du reste, hâtons-nous de
le dire, avait plaidé pour le séducteur — et avait
perdu son procès ! Il pouvait critiquer plus amère-
ment encore certains arrêts de la Cour de Caen.

« Dans la vie privée, dit l'honorable jurisconsulte, la liberté individuelle a plus de droit que
l'autorité ; dans la vie publique, l'autorité doit
avoir la prépondérance. — La jurisprudence de
nos tribunaux tient sans doute grand compte de
cette idée. Mais y a-t-elle toujours été assez fidèle ?
N'offre-t-elle pas quelques traces, quelques témoignages d'une *dangereuse tendance* à envahir un
domaine qui n'est pas celui de la loi, *pour faire
elle-même des lois* sur des intérêts étrangers à la
souveraineté sociale ? Ne soulève-t-elle pas trop
facilement le voile qui protège le foyer domestique ? Par un *excès de sollicitude* pour des situations que la société réprouve, ne se livre-t-elle
jamais, avec trop de complaisance, à des recherches
qui sont, pour la conscience publique, une grave
cause *d'inquiétude* et de *trouble* ? N'est-il pas à
craindre que, sous l'empire d'inspirations très-
pures, le pouvoir judiciaire, dans son dévouement à la loi morale, ne devienne un dangereux
ami et ne compromette la cause qu'il veut servir ?
. . . .
« Dans la conviction qu'ils sont appelés à venir

(1) Revue critique de législation et de jurisprudence, Tome 21
(1862) page 1.

au secours de la loi morale, quelques tribunaux, dans ces derniers temps, se sont montrés fort enclins à imposer l'accomplissement de prétendues obligations naturelles que la société a jugé convenable de ne pas convertir en obligations civiles et dont son intérêt est d'empêcher la constatation !...

« Je ne puis, ni ne veux citer tous les exemples de la tendance que je signale avec d'autant plus de liberté que les esprits qui la subissent n'ont pas conscience de *l'empiétement* qu'ils favorisent et des dangers qui peuvent en résulter. Des hommes de bien ont pour eux leur bonne intention ; ils croient défendre la société et, à mon sens, ils compromettent quelques-uns de *ses plus chers intérêts* ; je dois toutefois emprunter quelques témoignages à la jurisprudence.

« Des femmes qui n'ont pas perdu seulement leur innocence, mais leur pudeur, réclament des dommages-intérêts contre ceux qu'elles appellent leurs « séducteurs. » Tantôt elles parlent de promesses de mariage, tantôt, — et pour cause, — puisqu'elles imputent leur chute à des hommes mariés, elles ne parlent que de piéges dans lesquels leur faiblesse aurait succombé. Elles se disent « victimes de séductions, » tandis qu'elles ne sont victimes que de leurs mauvais instincts et de leurs convoitises. Elles se prévalent de la perte d'une vertu dont l'existence, même dans le passé, est fort incertaine, et elles espèrent faire oublier leur corruption présente, qui n'a rien de problématique. Elles comptent leurs grossesses, leurs enfants, et pour elles l'adultérinité des relations n'est qu'une raison de plus de leur accorder, avec des sympathies auxquelles elles ne tiennent guère, de l'argent auquel elles tiennent beaucoup. Elles veulent faire nourrir, pensionner, doter leur postérité par des hommes qu'elles n'appellent pas *pères* mais *auteurs de dommages*. Dans un langage de convention qui ne trompe personne, ces femmes rejettent sur les hommes qu'elles *choisissent*, la responsabilité et les charges de leur maternité ; elles ne recherchent pas, disent-elles, la paternité, elles en déduisent les conséquences en sous-entendant la cause !...

« La jurisprudence, qui a d'abord, avec beaucoup de réserve et timidement, ouvert la porte aux actions pour préjudice matériel et moral résultant de la violation d'une promesse de mariage, quand cette promesse ne pouvait être contestée, sert aujourd'hui de point de départ à une théorie aussi contraire aux intérêts de la société qu'aux textes de nos lois : les filles-mères abordent sans voile la justice ! »

Et plus loin, M. Bertauld ajoute :

« Je m'*alarme* d'une tendance qui introduirait le juge dans une sphère *où le législateur lui-même n'aurait pas le droit de pénétrer*. Je me préoccupe d'une *tentative d'usurpation* sur la liberté individuelle. »

Cette critique virulente ne pouvait rester sans réponse. — M. Ancelot, alors avocat-général à la Cour de Riom, se chargea de défendre la magistrature, accusée d'avoir usurpé des pouvoirs législatifs et compromis « les plus chers intérêts de la société. »

Il serait trop long de citer *in extenso* la réponse du savant magistrat; nous engageons ceux qui veulent approfondir ces questions juridiques, à la lire en entier (1). Mais comme tout le monde n'a pas sous la main la *Revue de Législation*, nous nous permettrons d'en citer ici quelques extraits qui non-seulement répondront aux critiques de M. Bertauld, mais défendront, avec autorité, la jurisprudence consacrée par les arrêts que nous venons d'analyser dans ce chapitre.— Voici comment s'exprime M. Ancelot :

« Le critique de l'œuvre judiciaire (M. Bertauld) s'attache d'abord à poser, sous forme d'antithèse, la délimitation de la vie privée et de la vie publique. Dans la première, dit-il, liberté en principe pour l'individu ; dans la seconde, prépondérance de l'autorité. — La distinction nous paraît juste en soi. Mais dans l'application, quelles affinités étroites ! Quelles insaisissables nuances ! Quand la vie privée rompt son enveloppe et s'échappe au dehors, la liberté individuelle ren-

(1) Revue critique de Législation et de jurisprudence, t. 21 (1862) p. 481.

contre la puissance souveraine, et lui doit compte
de ses actions. Tout dépend ici de la mesure et
du degré des intérêts mis en jeu. Le législateur
ne se fera sans doute ni tuteur, ni maître d'école ;
mais il ne peut oublier l'énorme influence de la
vie privée sur la vie publique. Sans vertus domestiques, point de vertus publiques dignes de ce
nom, et comme les unes et les autres sont l'essence
même de la société, toutes les législations des
peuples policés prennent pour base non-seulement
les mœurs nationales, mais en même temps et
avant tout les bonnes mœurs. »

L'honorable magistrat signale ensuite la tendance funeste de certains philosophes et de beaucoup trop de juristes à séparer la morale et la loi,
« non pas sans doute comme étant ennemies, mais
comme devant régir avec une indépendance absolue leurs empires respectifs. »

M. Ancelot entend revendiquer, dans toute
leur étendue bienfaisante, les droits de la magistrature. « La magistrature, dit-il, n'est pas seulement une haute policière, gardienne de la paix
publique, régulatrice du *mien* et du *tien*. Il est
vrai de dire, — non pas sans doute dans un sens
absolu, comme le fait remarquer M. Bertauld, —
qu'elle a charge d'âmes : à elle de sanctionner les
principes moraux dans ses décisions civiles ; à elle
de les venger dans ses arrêts criminels ; à elle
ainsi d'enseigner aux masses ou de leur rappeler,

si l'on veut, solennellement les premiers devoirs
de la vie publique et privée ! Sans doute elle ne
doit agir que dans le cercle de sa compétence
normale. Mais il y a toujours eu et il y aura toujours deux manières d'interpréter et d'appliquer
la loi : l'une étroitement et servilement littérale,
qui les outrage en les rapetissant ; l'autre large et
libérale, — surtout dans le champ du droit civil,
— qui les honore en entrant jusqu'au fond dans
l'esprit du législateur pour adapter ses statuts aux
conditions variables de l'état social.

« Ceci posé, est-il donc vrai que la magistrature française actuelle, en suivant cette grande
voie, ait fait tant de mal à son insu, et qu'elle ne
puisse être absoute par un professeur de droit —
et sans doute aussi par les publicistes, — que grâce
à la candeur de ses intentions? Où sont donc ces
« empiétements » sur la liberté individuelle, qui
est la souveraineté sur soi-même?... Quelles sont
donc ces décisions si téméraires qui « soulèvent
trop facilement le voile du foyer domestique » et
s'écartent d'attributions limitées, sans qu'on en
ait conscience? Enfin, depuis quand la conscience
publique est-elle remplie « d'*inquiétude* et de
trouble » par des recherches périlleuses qui n'ap-
partiendraient pas à la puissance civile? Et d'a-
bord, quant à la liberté individuelle, celle des
honnêtes gens, a-t-elle été menacée par nos tribunaux et nos Cours? Il nous semble, au contraire,

que l'institution judiciaire a pour fin et pour effet
de la protéger de son mieux. « Rassurer les bons,
faire trembler les méchants, » voilà son programme
tracé par une auguste parole. Pour ce qui est de
la liberté du mal, nous avouons qu'elle nous inté-
resse assez peu et que nous tenons médiocrement
à l'immunité des passions et des vices !... »

Après ce préambule, M. Ancelot combat un à
un tous les arguments de M. Bertauld. Il démontre que l'*obligation naturelle* a été sanctionnée
par le code civil en plusieurs circonstances particulières — notamment par l'article 1235 — et,
d'une manière générale, par l'article 1382. Parcourant ensuite les décisions de la jurisprudence,
il examine, entre autres choses, deux points qui
ont scandalisé M. Bertauld et « compromis, » —
d'après l'éminent professeur, — « les plus chers
intérêts de la société. »

Il s'agit d'abord des fiancées abandonnées et
des femmes qui réclament des dommages-intérêts
contre leurs séducteurs. « M. Bertauld signale à
plusieurs reprises, les femmes qui ont perdu toute
pudeur, ne savent plus rougir et ont peut-être
spéculé sur leur chute. Mais quoi ! s'écrie l'honorable magistrat, ce seraient des femmes *de cette
espèce* qui obtiendraient, sous forme d'indemnité,
les *sympathies* de nos tribunaux et de nos Cours !
Ils auraient été surpris, est-il besoin de le dire ?
et dès lors les principes sont hors de tout débat.

Or, c'est d'une question de principes que nous nous occupons, après M. Bertauld.

« Le second point de vue touché par le savant professeur est plus délicat. Nous sommes en présence, non plus de fiancées, mais de filles-mères imputant leur chute à des hommes mariés, « comptant leurs grossesses » et leurs enfants, et voulant faire nourrir, pensionner, doter leur postérité par des hommes qu'elles n'appellent pas *pères*, mais *auteurs de dommages*.... Pourquoi encore mettre uniquement en scène, comme dans la précédente hypothèse, les filles tombées au dernier degré d'abjection et nous les faire entendre réclamant devant la justice, « avec des sympathies auxquelles elles ne tiennent guère, de l'argent auquel elles tiennent beaucoup ? » Puisque, d'après M. Bertauld, ce langage de convention « ne trompe personne, » il ne trompe peut-être pas les magistrats, et dès lors ce sombre tableau n'est qu'un hors-d'œuvre. Comment d'ailleurs imaginer que de semblables femmes osent prétendre aux sympathies de leurs juges ? Elles auraient donc une bien piteuse idée de leur perspicacité ! »

Ouvrons ici une parenthèse pour faire, en passant, une importante remarque.— Lorsque M. Ancelot écrivait ces lignes, il était « en vacances, » comme il le déclare lui-même ; il était à la campagne, loin des recueils de jurisprudence, et ne

pouvait examiner toutes les décisions critiquées
par M. Bertauld. Or, il est facile de voir, — on
parcourant les divers arrêts mentionnés dans ce
chapitre, — que les magistrats français n'ont
point accordé leurhaute protection à des filles absolument perdues , — comme semble l'avancer
M. Bertauld. Il est facile de voir aussi que les individus condamnés à indemniser des filles-mères
n'étaient pas les hommes que ces filles *choisis-
saient*, selon le mot de M. Bertauld. — Non ! nos
tribunaux civils n'ont pas admis des réclamations
scandaleuses de femmes abjectes et n'ont pas
condamné, Dieu merci ! les premiers hommes venus. Ils ont accueilli, comme ils devaient le faire,
les demandes — plus intéressantes qu'intéressées
— de filles dignes de pitié ; et ils n'ont atteint, on
peut s'en convaincre, que des séducteurs éminem-
ment responsables qui avaient, eux, *choisi* leurs
victimes ! — Cela dit, formons la parenthèse et
poursuivons.

Plus loin, M. Ancelot démontre que les Cours
d'appel ont pu, sans violer l'article 340 du Code
civil, condamner des séducteurs à indemniser les
filles-mères qu'ils avaient chargées d'un enfant.
Nous ne suivrons pas le savant magistrat dans
tous les développements de cette discussion, —
nous sommes éclairés sur ce point, — nous nous
bornerons à signaler ce passage :

« Est-il donc bien difficile d'imaginer ou de
rencontrer des espèces dans lesquelles le juge pourrait, sans faire brèche à l'interdiction de rechercher la paternité, infliger au séducteur une condamnation pécuniaire, — par exemple à celui qui,
ayant entraîné loin de sa famille, sans violence et
sans fraude, une mineure de plus de seize ans,
l'aurait délaissée lâchement, — comme cela n'est
pas rare, — en un pays étranger pour elle, sans
aucune ressource, et cela, soit pendant sa grossesse, soit après son accouchement ? Nous ne sommes plus ici dans la rigueur inextensible du code
pénal. Que la jeune fille ait moins de seize ans ou
qu'elle en ait dix-sept, qu'importe dans l'ordre des
appréciations de la faute et du dommage ! La loi
civile ne tient-elle pas les mineurs pour incapables de se défendre dans leurs biens et leurs personnes ? Qui donc osera dire qu'il y ait consentement libre de cette paysanne ignorante et crédule
qu'un libertin de profession se sera fait un jeu de
déshonorer et de duper ? — Prenons une autre
espèce : un enfant naturel est né, le séducteur se
montre disposé d'abord à le placer en nourrice. Il
s'en occupe lui-même, promet dans ses lettres ou
déclare, devant témoins, qu'il supportera les dépenses ; puis, — et cela n'est pas rare non plus !
— ses premières dispositions se refroidissent ; le
tourbillon d'une vie agitée l'emporte ailleurs ; il
oublie la mère et l'enfant, ne paye plus et ne veut

plus payer. Quelle règle de droit s'oppose donc à ce qu'il y soit contraint ? Sera-ce proclamer illicitement la paternité ? En aucune façon. On la présumera sans doute mentalement ; mais si le séducteur avait payé les mois de nourrice, on l'aurait encore mieux présumée !.... Sera-ce, comme le dit M. Bertauld, accorder une sanction au désordre en le réglementant ? Non. *C'est sanctionner la foi promise et réglementer la loyauté.* »

*
* *

On nous pardonnera d'avoir accumulé ces citations — trop longues peut-être ; — nous les avons crues nécessaires. Il importait, ce nous semble, de grouper tous ces documents, au début de cet ouvrage, pour éclairer la question qui nous occupe et montrer dans quelles conditions ce problème juridique peut se poser aujourd'hui.

Maintenant que nous avons parcouru les textes de nos lois et les décisions de la jurisprudence, nous pouvons nous demander, en parfaite connaissance de cause, s'il faut, en France, une loi contre la séduction, et quelle doit être cette loi.

Le moment est venu d'aborder cette grave question, et, à l'heure où semble s'accomplir notre Renaissance, à l'heure où s'agitent tant de problèmes sociaux et où toutes les individualités sont invitées à prendre part au vaste mouvement des

7

idées, nous nous permettrons d'exprimer sincèrement notre opinion personnelle et de soumettre
humblement aux législateurs de l'avenir un projet
de réforme, relatif à la *séduction* et à *la recherche
de la paternité.*

III

L'AVENIR

§ 1.

UNE RÉFORME NÉCESSAIRE

La séduction doit être punie. — Préjugé. — Les motifs d'une réforme. — Mot de Larochefoucauld. — Séducteurs et malfaiteurs. — Mot d'Alexandre Dumas. — La virginité est-elle un capital? — La séduction est-elle un vol? — A quels délits la séduction doit être assimilée. — Gravité d'un tel acte. — Conséquences de la séduction. — Eloquence de la statistique. — Les mœurs françaises. — Ce qui se passe en Angleterre, en Amérique, et ailleurs. — Lois sur la séduction et la recherche de la paternité.

Selon nous, il existe dans nos Codes une lacune inconcevable. La loi garde le silence, un silence absolu, au sujet de la *séduction* : ce mot n'est pas écrit une seule fois dans les textes de notre législation !

La séduction, au regard de la loi pénale, n'est

ni un crime, ni un délit : depuis 1791 jusqu'à nos jours, les tribunaux répressifs ont perdu le droit de condamner les séducteurs ; ils ne peuvent les frapper d'une peine afflictive, — voire même d'une simple amende !

Cependant la séduction, — surtout lorsqu'elle est entourée de manœuvres frauduleuses, — est un acte évidemment coupable ; et si cet acte, oublié par le Code pénal, échappe aujourd'hui aux juridictions criminelles, il peut du moins ressortir aux tribunaux civils qui, dans le domaine des faits, ont un pouvoir d'appréciation beaucoup plus étendu.

A la vérité, le « Code Napoléon » ne dit pas formellement que le séducteur est responsable devant la justice *civile* ; il n'imite pas, sur ce point, la précision de certains Codes étrangers (1) ; il ne déclare pas, d'une manière positive, que la séduction, suivie d'abandon, doit être considérée comme la violation d'une promesse de mariage ou comme un quasi-délit pouvant donner lieu à l'action en dommages-intérêts. Mais l'article 1382, qui embrasse en quelque sorte l'ensemble des actions humaines, ouvre un champ sans limite à l'équité des magistrats. Ce fameux article 1382 est, en somme, la sanction légale d'un grand principe de

(1) Plusieurs Codes étrangers admettent positivement le recours de la femme abusée contre son séducteur. — Code autrichien (art. 1328), — Code portugais (art. 270 et suiv.), etc.

droit naturel : *Neminem lædere*... On ne doit faire tort à personne, et si l'on nuit à quelqu'un, on est obligé de réparer le dommage dont on est l'auteur responsable. Voilà une règle générale. Or, la séduction accompagnée de promesses fallacieuses et d'intrigues dolosives cause un préjudice sérieux à la jeune fille qui en est victime. Ce préjudice doit donc être réparé.

Au commencement du siècle, les tribunaux français ont hésité à admettre cette conséquence de l'article 1382 : ne pouvant plus s'appuyer sur un texte formel, et craignant peut-être de faire illégalement revivre les anciens « procès de séduction, » ils ont décidé qu'une fille abusée ne pouvait demander des dommages-intérêts à son séducteur (1). Mais nous venons de voir que, depuis une vingtaine d'années, les tribunaux civils avaient cru pouvoir se fonder sur l'article 1382 et sur les principes généraux du droit pour atteindre des faits de *séduction*, qui n'ont pas été spécialement prévus par la loi.

On peut regarder et, pour notre part, nous regardons cette jurisprudence comme parfaitement légale, parfaitement juridique. Toutefois, des jurisconsultes distingués ont blâmé cette « tendance » des tribunaux et ont reproché aux magistrats français d'empiéter sur le pouvoir législati

(1) Cassation, 10 mars 1808. (Dalloz, *Jurisp. gén.* v° *Respon sabilité*, n° 180.)

en faisant des « lois-jugements. » — Ce blâme est immérité, ce reproche est injuste, soit ! — Mais, en somme, la loi civile, comme la loi pénale, est muette sur le chapitre de la séduction ; et il est certain qu'une disposition formelle, émanant du législateur, lèverait toute difficulté et pourrait éviter désormais les critiques semblables à celles de M. Bertauld.

En attendant cette loi à venir, les tribunaux se sont armés de l'article 1382, pour faire réparer, dans certains cas, le *préjudice* causé aux victimes de la séduction ; or, en prononçant contre des hommes licencieux ou égoïstes des condamnations pécuniaires, ils ont semblé réagir contre l'impunité absolue des séducteurs. Ils sont restés dans la limite de leurs attributions, et s'il y a là une tendance, c'est, selon nous, une tendance très-légitime vers la moralité, la justice et le progrès.

***

Au point de vue des intérêts privés, la réparation du préjudice causé est juste et nécessaire ; mais, au point de vue de l'intérêt social, cette réparation, purement civile, ne nous paraît pas suffisante.

Le séducteur — à notre avis — devrait être atteint par le Code pénal. La séduction, entourée de manœuvres frauduleuses, devrait être considérée, non point comme un *crime* assurément, mais au moins comme un *délit*.

— Un délit ! s'écrie-t-on. Voilà qui est sévère ! Faire passer un séducteur en police correctionnelle ! Singulière idée !

— Oui, nous le savons, il règne en France un préjugé éclos au milieu de la corruption des mœurs, propagé par une littérature malsaine et entretenu peut-être par le silence complaisant du législateur. On a, chez nous, ce semble, au sujet de la séduction, les idées les plus bizarres et les plus fausses ! L'opinion est à ce point égarée qu'elle ne sait plus reconnaître le chemin de la vérité. Le public renverse tous les rôles : lorsqu'une fille honnête a été séduite, abusée, trompée, on ne songe pas à la plaindre ; on ne la regarde pas comme la victime d'un libertin, non ! On la traite comme si elle était seule coupable. A elle la honte et la misère ! C'est elle seule qui est déshonorée ; elle seule qui doit supporter les conséquences de la séduction ; elle seule qui doit élever l'enfant qu'un égoïste lui a laissé ! — Quant au séducteur, loin de le traiter comme un coupable et un lâche, on l'exalte comme un vainqueur. Il marche le front haut. Il se pavane dans les salons. Il énumère ses « conquêtes. » Pour lui la virginité est une fleur qu'il se vante d'avoir cueillie ; pour lui — comme pour nombre d'hommes — la séduction est un « succès » galant et, au jeu de l'amour, une fille n'est qu'un hochet!

Cependant, la séduction est un fait grave, on soi ; la séduction est un acte criminel pour tout homme qui, dédaignant les sots préjugés du monde, écoute seulement la voix de sa conscience et qui, ne se laissant pas aveugler par l'égoïsme, jette un regard impartial sur la victime d'un séducteur.

Voyez cette jeune fille : elle est au printemps de la vie. Ses joues empruntent le coloris des roses ; son regard céleste paraît appartenir à quelque chérubin ; son front candide reflète la pureté de son âme. Elle a seize ans : tout son être respire la grâce et la délicatesse ; et sa beauté a quelque chose de tendre qui semble appeler sur elle aide et protection.

Elle est pauvre, cette chaste enfant ; elle est ouvrière ; chaque jour elle sort seule pour aller à son travail et gagner honnêtement sa vie. Un Don Juan de carrefour la voit et la remarque ; il la guette ; il la suit ; elle l'évite. Il s'attache à ses pas ; elle accélère sa marche et, craintive, elle s'enfuit vers le toit paternel.

Le séducteur ne se décourage pas ; il est habitué à ces premiers refus ; il sait que les vierges s'alarment d'abord et se défendent ; mais il connaît les moyens de triompher, et il s'en flatte, le conquérant !

Il revient ; il se poste le soir au coin d'une rue ; il attend l'ouvrière. Il l'aborde ; il murmure des paroles amoureuses ; elle résiste encore. Le lendemain, il écrit de tendres billets ; il fait maintes promesses fallacieuses. Plus tard il lui offre quelques cadeaux ; il prend, entre deux soupirs, les plus solennels engagements. Pour vaincre la *résistance* de la jeune fille, il lui promet de l'épouser, — sachant bien qu'il ne sera jamais son époux. — La vierge, abusée, finit par le croire ; elle se laisse éblouir par ces artifices ; puis, étourdie par ces obsessions, surprise par ces perfides manœuvres, trompée par ces paroles mensongères, elle succombe enfin ! Elle devient enceinte. Alors, son séducteur l'abandonne. C'en est fait : la voilà déshonorée ! La voilà mise, avec son enfant, au ban de la société !

Voyons ! est-ce qu'il n'y a pas là un fait odieux? un attentat répréhensible ? un acte criminel ?..

« Celui qui corrompt l'innocence par un froid calcul, — a dit Larochefoucauld, — est plus coupable que l'assassin qui frappe sa victime. »

Nous n'irons pas aussi loin que ce fougueux moraliste; nous ne comparerons pas le séducteur à l'assassin; mais nous dirons, avec toute l'énergie de notre conviction, que le libertin qui séduit une jeune fille honnête et l'abandonne ensuite, comme un traître, doit être assimilé à un malfaiteur.

Oui, nous ne craignons pas de le dire, en dépit de tous les mondains préjugés, il agit comme un malfaiteur, le débauché qui corrompt la jeunesse et tend des embûches à une vierge ! — Il agit comme un malfaiteur, l'homme qui ment et fait des dupes ! — Il agit comme un malfaiteur, l'homme qui emploie des manœuvres insidieuses pour tromper une jeune fille sans expérience ! — Il agit comme un malfaiteur, l'homme qui se sert de la contrainte, de la supercherie et de la ruse pour arracher un consentement ! — Il agit comme un malfaiteur, l'homme qui abuse de la confiance d'une enfant pour la déshonorer ! Et ce malfaiteur-là mérite, tout comme les autres, les honneurs de la police correctionnelle.

Quoi ! tous les jours, on condamne, pour *délit* de chasse, tel paysan qui tend des lacets, et l'on ne pourrait point condamner ces braconniers du libertinage qui tendent des piéges à l'innocence et font miroiter de trompeuses promesses !

On condamne celui qui « extorque » une signature, et l'on ne pourrait condamner ces fripons qui s'adressent à des mineures pour extorquer un consentement !

On condamne l'individu qui, voulant se faire remettre de l'argent, fait usage d'une « fausse qualité, » emploie des « manœuvres frauduleuses, » fait naître « l'espérance d'un événement chimérique, » et l'on ne pourrait condamner ces escrocs de l'hyménée qui séduisent leurs fiancées et qui les abandonnent, après s'être fait donner un trésor inestimable !

On condamne, pour abus de confiance, l'homme qui abuse d'un blanc-seing, et l'on ne pourrait condamner les misérables qui abusent de leur situation, de leur influence, de leur fortune et de la confiance qu'ils inspirent pour détourner la vertu d'une jeune fille et flétrir à jamais son honneur !

* **

Dans une lettre récente, Alexandre Dumas prétend que « *la virginité des filles est un capital.* » — Selon lui, l'homme qui a séduit une vierge a volé un capital, et voici, à ce sujet, comment il s'exprime :

« Une propriété et un capital doivent-ils être protégés par une loi ? Oui.

« L'honneur d'une fille est-il une propriété et sa virginité un capital ? Oui. — Propriété d'une telle importance, capital d'une telle valeur que quand cette propriété a été *aliénée* ou *dérobée*, que quand ce capital a été dispersé ou détruit, il n'y a rien, absolument rien, dans tout l'univers, qui puisse les remplacer .

« Eh bien ! ce capital si important, si considérable qu'aucun autre ne peut le remplacer — et qu'il peut en remplacer beaucoup d'autres — puisqu'il y a des hommes (que je suis loin de blâmer) qui aiment mieux épouser une fille très-honnête qu'une fille très-riche, ce capital si précieux, pour

les mères, les pères, les filles et les époux, que
lorsqu'il n'est plus où il doit être, on se désespère,
on rougit, on se bat, on se tue, on meurt sous toutes les formes ; ce *capital*, la loi le laisse à la disposition du premier venu, et répond : « Cela ne
me regarde pas, » quand on vient se plaindre à
elle lorsqu'on l'a *dérobé*. Elle ne l'assimile pas même
à la valeur d'une pièce de vingt francs ou d'un
pain de quatre livres ! » — Ce qui revient à dire que
la loi punit l'individu qui a volé un pain et qu'elle
a tort de laisser impuni celui qui a volé le « capital » d'une jeune fille.

Nous sommes d'accord avec Alexandre Dumas
lorsqu'il demande que la séduction — la séduction frauduleuse et dolosive — soit réprimée par
la loi ; mais nous ne partageons pas tout-à-fait ses
appréciations : à nos yeux, la séduction d'une
vierge ne saurait être assimilée au vol d'un capital.

Et d'abord, le célèbre académicien s'est servi
d'un mot inexact : la virginité n'est pas, à proprement parler, un *capital*. La virginité est l'état
d'une personne innocente, qui a le cœur pur et
ne connaît pas les plaisirs sensuels de la volupté.
Or, il nous semble difficile de comparer l'état d'une
personne à un capital !

Un capital a une *valeur* qui — en général —
peut être appréciée en argent. Or, dans le système
de M. Dumas, quelle serait la valeur de la virgi-

nité ? Le capital virginal aurait-il la même valeur, le même prix, pour toutes les femmes, pour tous les âges ?...

Un capital est essentiellement productif. Or, quels produits, quels bénéfices, quels *intérêts* doit procurer la virginité ? Doit-elle être plus productive à seize ans qu'à vingt-huit ?

Nous ne pouvons supposer que M. Dumas, en disant que « la virginité des filles est un capital, » s'est rappelé le vers de Musset :

Ta fille est belle et vierge, et tout cela se vend !

Car là il s'agit de la virginité matérielle, qui, sur le marché de la débauche, peut être l'objet d'un honteux trafic. Si l'on disait, à ce titre, que la virginité, prise dans le sens restreint et physiologique du mot, est un capital, il faudrait admettre qu'une fille peut « spéculer, » comme tout capitaliste, avec son trésor et réclamer devant les tribunaux la valeur de son capital endommagé ! — Un tel résultat serait profondément immoral !

La virginité, — dans l'acception large et évangélique du mot, — n'est pas un capital : c'est une vertu. Nous aimons à croire que l'auteur de l'*Homme-Femme* l'a ainsi entendu, lorsqu'il a dit que rien, dans l'univers, ne pouvait remplacer la virginité perdue ; — mais, en disant cela, il a lui-même reconnu, sans y prendre garde, que la

virginité n'était pas un capital : car, un capital
peut, ordinairement, être aliéné et remplacé par
un capital de même valeur ; et si, de l'aveu de
M. Dumas, aucun capital ne peut remplacer la
virginité, c'est précisément parce qu'elle est une
vertu inaliénable.

Cette *vertu* procure à la jeune fille chaste, de la
considération, de l'honneur, des avantages incon-
testables, — comme la probité en procure à l'honnête homme ; — mais la virginité a une valeur
toute morale, et non point une valeur vénale, appréciable en argent. Aussi, lorsque la justice accorde à une fille séduite des dommages-intérêts,
ce n'est pas, certes, pour effectuer le rembourse-
ment d'un « capital dérobé » ; ce n'est pas pour
payer le prix de la virginité, non ; c'est pour infliger au coupable une réparation civile et, en
même temps, pour indemniser la victime du
préjudice qui lui a été causé par les conséquences
matérielles de la séduction et par l'atteinte portée
à son honneur.

M. Alexandre Dumas, partant de cet aphorisme :
« La virginité est un capital », prétend que le séducteur « dérobe » ce capital et doit être assimilé
à un voleur.

Il nous semble, au point de vue moral et juridique, que la séduction ne peut être assimilée au
vol. D'abord, la virginité, nous l'avons dit, ne

peut être comparée à un objet matériel, à une
« pièce de 20 francs » ou à un « pain de 4 livres » ;
puis, le voleur qui dérobe un objet, le soustrait
frauduleusement *à l'insu du propriétaire*. Le filou
qui vole un pain, l'enlève et l'emporte *sans le consentement du boulanger*. Or, le séducteur ne dérobe
pas un objet matériel, et il n'agit point *à l'insu* de
la victime ; d'ordinaire, il surprend le consentement de la jeune fille.

La séduction, entourée de manœuvres frauduleuses, qui, selon nous, devrait être considérée
comme un délit, ne peut donc être comparée au
vol ; elle peut être bien plutôt assimilée — juridi-
quement — à l'extorsion de signature, à l'escroquerie et, plus spécialement, à l'abus de confiance,
à l'excitation des mineurs à la débauche.

Le séducteur, à notre avis, peut être com-
paré au fripon qui commet une *extorsion de signature* (1), parce que souvent il se sert de la force, de
la violence morale, de la menace, de la *contrainte*
pour arracher un consentement et faire signer, en
quelque sorte, à une jeune fille l'acte qui doit la
déshonorer.

Le séducteur ressemble à l'individu qui commet

---

(1) Art. 400 du C. pénal. — « Quiconque aura extorqué par
force, violence ou *contrainte*, la signature ou la remise d'un
écrit, d'un acte, d'un titre, d'une pièce quelconque contenant ou
opérant obligation, disposition ou décharge, sera puni de la
peine des travaux forcés à temps, etc. »

une *escroquerie* (1), pourquoi ? parce que lui aussi emploie des « manœuvres frauduleuses » pour tromper la femme qu'il convoite ; parce que lui aussi prend souvent une « fausse qualité » — celle de fiancé, — pour escroquer la virginité d'une jeune fille, et qu'en se servant, avec fourberie, de la promesse de mariage, comme moyen de séduction, il fait naître « l'espérance d'un événement chimérique, » pour arriver à son but criminel.

Le séducteur commet surtout un *abus de confiance* (2) parce qu'il abuse, lui aussi, des « faiblesses » ou des « passions » des mineures, — parce qu'il abuse de la confiance qu'il a su inspirer pour faire commettre un acte qui compromet gravement la personne séduite !

(1) Art. 405, C. pén. — « Quiconque, soit en faisant usage de faux noms ou de *fausses qualités*, soit en employant des *manœuvres frauduleuses* pour persuader l'existence de fausses entreprises, d'un pouvoir ou d'un crédit imaginaire, ou pour faire naître l'espérance ou la crainte d'un succès, d'un accident ou de *tout autre événement chimérique*, se sera fait remettre ou délivrer des fonds, etc.... sera puni d'un emprisonnement d'un an au moins et de cinq ans au plus, et d'une amende de 50 francs au moins et de 3,000 francs au plus. »

(2) Art. 406. — « Quiconque aura abusé des besoins, des *faiblesses* ou des *passions* d'un mineur, pour lui faire souscrire, à son préjudice, des obligations, quittances, décharges pour prêt d'argent ou de choses mobilières, ou d'effets de commerce, etc.... sera puni d'un emprisonnement de deux mois au moins, de deux ans au plus, et d'une amende, etc. »

Eh bien ! nous le demandons maintenant, est-ce aller trop loin que de considérer la séduction des jeunes filles comme un *délit* ?

Comment ! si la loi elle-même punit de l'emprisonnement l'individu qui abuse des faiblesses ou des passions des mineurs pour leur faire souscrire un engagement préjudiciable, la loi ne doit-elle pas — à bien plus forte raison — punir le séducteur qui abuse des *faiblesses* ou des *passions* de la jeunesse pour faire accomplir un acte autrement grave qu'un effet de commerce !

Un mineur, abusé, souscrit un billet de 50 ou 200 francs au profit d'un fripon ; le mineur *consent*, — remarquez-le, — mais on le trompe, on surprend son consentement. Il y a là un abus de confiance, aux termes de l'article 406 ; il y a un délit, — cependant le préjudice est bien minime pour le mineur, bien minime pour sa famille, bien minime pour la société, et, quel que soit le dommage pécuniaire, la victime d'un tel délit n'est jamais déshonorée !

Mais s'il s'agit d'une jeune fille mineure, abusée, trompée, séduite par un libertin, quelle différence ! Est-ce qu'il n'y a pas là un *abus de confiance* beaucoup plus désastreux ? Est-ce qu'il n'y a pas un acte beaucoup plus répréhensible et un délit beaucoup plus grave, dans ses conséquences ?

*
* *

Les conséquences do la séduction ? mais elles sont terribles ! Après un tel attentat, — lorsqu'il est connu, lorsqu'il est publié par le séducteur lui-même — on voit souvent des séducteurs fanfarons, — la jeune fille est flétrie et méprisée ; elle a perdu cette auréole de pureté qui rayonnait sur son front virginal ; elle a perdu son honneur. Perfidement délaissée par celui qui lui avait promis le mariage, elle ne peut guère songer à trouver un jeune homme qui consente à l'épouser : elle semble condamnée alors au célibat forcé. Souvent la malheureuse fille est chassée de la maison où elle était placée. Peut-être trouvera-t-elle un asile au foyer paternel ? Mais, après cette infortune, son père est dans un cruel abattement, et sa mère, qui l'avait entourée de tant de soins, est plongée dans une douleur poignante !

Si elle est orpheline, la victime de la séduction reste souvent seule, avec toutes les douleurs et toutes les charges de la maternité. Alors, que va-t-elle devenir ? Tantôt, dans un accès de désespoir, elle songe à en finir avec la vie, et elle allume, d'une main fiévreuse, le mortel réchaud ! — Tantôt elle roule dans les abîmes de la misère et va mendier son pain à la porte de la Prostitution ! Tantôt, se voyant sans ressources, elle se livre au vol, et va échouer dans le préau d'une prison ! — Tantôt, elle forme le criminel projet de donner la mort au petit être qu'elle porte dans son sein et elle l'étouffe, au premier cri ! — Ou bien, si elle a du courage, si elle lutte contre l'adversité, si elle surmonte sa détresse, elle élève elle-même son enfant ; elle le « reconnaît ; » alors elle lui donne son nom, — ne pouvant lui donner le nom du père. Mais que de peines ! Que de sanglots ! Que de labeurs, alors surtout qu'elle est abandonnée !

L'enfant grandit, mais c'est un *enfant naturel* ! On le flétrit. Pourquoi ? Il n'est pourtant pas coupable, lui ! N'importe ! Il doit subir le fardeau d'une existence qu'il n'a pas demandée. Il doit supporter les affronts dont on le force à rougir. On imprime sur son visage une tache indélébile ; on lui reproche, quoi ? son acte de naissance ! Sa mère était une *fille* ; son père était un lâche. Cela suffit, aux yeux du monde, pour le couvrir d'infamie !

Si la mère, infortunée, n'a pas assez de courage pour le « reconnaître » et l'élever, elle l'abandonne ; elle le laisse sur le pavé ; il devient alors un enfant *trouvé !* Il tombe dans les bras de l'Assistance publique ; il est à la charge de la société.

On l'élève — Dieu sait comme ! — et quand il a grandi, que devient-il, le malheureux enfant ? Il est « né de père et de mère inconnus ; » il se trouve isolé, sans appui, sans soutien dans le monde. Pas un père pour le guider ! Pas une mère pour le chérir ! Pas une sœur ! Pas un parent ! Pas un ami ! Pas de foyer domestique ! Rien ! *Væ soli :*

la solitude, comme la misère, est mauvaise conseillère ; et bien souvent le pauvre orphelin va grossir le nombre des parias modernes.

Tous ces enfants abandonnés — et ils forment une légion — au lieu de blâmer la faute de leurs parents, la faute de leur père surtout, se plaisent à accuser le Gouvernement ; ils prennent la société pour une marâtre, sans cœur et sans entrailles ; ils s'insurgent contre elle. Oui, ce sont ces malheureux qui, d'ordinaire, s'enrôlent sous le drapeau des socialistes tapageurs ; ce sont ces êtres déclassés qui, privés de religion, de propriété, de famille, brûlent de démolir radicalement l'édifice social ; ce sont eux qui, dénués de tout, d'honneur et d'argent, se vautrent dans la fange du vice ou du crime, et peuplent, suivant le sexe, les bagnes ou les lupanars !...

Voilà les conséquences ordinaires de la séduction ! Et certes, si l'on se place au point de vue moral, au point de vue juridique, au point de vue social, et si l'on considère toute l'étendue du mal causé par le séducteur, soit à la femme et à l'enfant, soit à la famille de la victime, soit à la société même, on demeure profondément convaincu qu'il y a, dans le fait de la séduction frauduleuse ou dolosive, un *délit* cent fois plus grave qu'une banale escroquerie ou qu'un simple abus de confiance !

Eh bien ! malgré la gravité d'un tel acte, malgré la portée désastreuse des conséquences, la loi pénale, depuis quatre-vingts ans, ne réprime plus la séduction, et la loi civile déclare aux séducteurs qu'ils ne sont pas responsables de leur paternité !

Qu'en résulte-t-il ? les séducteurs abondent et, avec eux, tous les maux qu'enfante naturellement la séduction.

En voulez-vous la preuve ? Parcourez les statistiques : les chiffres sont éloquents.

Depuis trente ou quarante années, les suicides ont augmenté dans des proportions inquiétantes ; chaque jour, la presse nous parle de ces pauvres filles délaissées, qui cherchent un suprême remède dans l'asphyxie, ou qui se jettent dans un fleuve pour mettre un terme à tous les tourments qu'un séducteur leur a légués !

En 1839, le nombre des suicides était de 2,747 ; — en 1849, de 3,583 ; — en 1859, de 3,899 ; — en 1869, de 5,114. Ces chiffres sont consignés dans les statistiques officielles (1).

Le nombre des femmes qui se livrent à la prostitution est considérable ; or, parmi les prostituées, combien de filles ont commencé par être séduites puis abandonnées ?

(1) *Statistique de la France*, par Maurice Block. Paris, 1875, tome I⁰r, p. 164.

Déjà, en 1837, Parent-Duchâtelet, recherchant les causes principales de la prostitution, trouvait que, sur un groupe de 5,183 filles, « exerçant » à Paris, 1,441 s'étaient livrées à cet infâme métier, à la suite d'un dénûment absolu ; — 289, d'abord domestiques, avaient été séduites et chassées par leurs maîtres ; — 280 étaient venues de province à Paris pour s'y cacher ou faire leurs couches, — 404 avaient été amenées à Paris, puis abandonnées par leurs amants ; — 1,425 enfin étaient des « concubines délaissées (1). »

Depuis 1837, le nombre des prostituées augmente sans cesse : on peut s'en convaincre sans feuilleter les annales de la statistique ; il suffit de jeter un coup d'œil, le soir, sur nos boulevards et nos places publiques, pour voir jusqu'où s'étend aujourd'hui la phalange de la prostitution !

Si, en s'éloignant des maisons de débauche, on franchit le seuil des prisons, quelles pénibles réflexions se présentent à la pensée !

Que de filles sont entrées dans le chemin du crime, après avoir été détournées par un séducteur ! Ecoutez et méditez ce qu'a dit Mˡˡᵉ J. Mallet (2), qui a parcouru les prisons de femmes

(1) Parent-Duchâtelet. — *De la prostitution dans la ville de Paris*, tome Iᵉʳ, p. 100.
(2) *Les Femmes en prison*, p. 110 et suiv.

pour faire, dans ces tristes demeures, des études de philosophie sociale :

« Quand les victimes de ces odieuses spéculations se voient abandonnées et flétries ; quand leurs *séducteurs* ne sont plus là pour les soutenir et fournir à tous leurs besoins, la paresse et les habitudes du luxe qu'elles ont contractées ne servent qu'à les pousser plus avant dans l'abîme, et de vicieuses qu'elles étaient, presque toujours elles deviennent criminelles.

« Celles qui sont entièrement dégradées, chez lesquelles toute droiture de cœur est éteinte et qu'une première condamnation n'a pu intimider, s'attachent à faire payer à la société le mépris dont elle les couvre. Aussi n'est-ce qu'à de rares intervalles que nous les voyons reparaître pour quelques moments dans le monde, où une nouvelle condamnation les reconduit bientôt sous les verrous.

« Il en est cependant chez lesquelles le vice et même le crime n'ont pas étouffé le remords, et qui ont conservé le sentiment de la position qu'elles auraient pu se faire, si elles ne s'étaient point écartées de leur devoir. Celles-ci ne parlent de leur passé qu'en versant d'abondantes larmes, et en maudissant avec énergie *les personnes qui les ont perdues.* »

. . . .

« Dans le quartier des femmes, l'homme cons-

ciencieux, en contemplant tant de jeunes filles dont
les joues creuses portent l'empreinte de la lutte, de
la souffrance, de la misère et du vice, doit sentir
la rougeur lui monter au front et le remords lui
serrer le cœur, car il se dira: *Voilà nos victimes !*

« C'est un tout autre sentiment qu'éprouve la
femme vertueuse à leur aspect, c'est plus que de la
tristesse, c'est de la pitié ; car elle sait, elle, que
si la femme reçut en partage la grâce et la beauté,
elle reçut aussi un cœur qui se laisse facilement
émouvoir, et plus souvent encore dominer, un
cœur rempli souvent d'un dévouement sans bornes,
source immense dans laquelle l'homme se plaît à
puiser pour n'y laisser qu'amertume et regrets,
où à côté d'une vertu héroïque se trouvent mille
faiblesses. Elle sait encore que la femme dont on
pourrait résumer la vie par ce seul mot : douleur !
éprouve d'autant plus un besoin d'affection qu'elle
est plus faible et que, bien souvent, dans celui
qui doit la conduire à sa perte elle avait cru trouver un appui. »

Et celle qui a écrit ces lignes conclut en disant:
« *Il est de fait qu'il n'est pas une seule femme qui ne
soit arrivée au crime par la séduction.* »

Maintenant, que dit la statistique ?

Dans les prisons départementales seulement, il
y avait, en 1861............... 3,703 femmes.

En 1869................... 4,116   —

Dans les pénitenciers, il y avait :

En 1856..... .... 591 jeunes filles.

En 1868............ ..... 1,619 —

C'est-à-dire que le nombre des jeunes détenues a triplé (1).

Ce n'est pas tout ! Que de filles criminelles sont envoyées dans les maisons centrales, aux travaux forcés ! L'infanticide est devenu, en France, le drame ordinaire des Cours d'assises. A toutes les sessions, on voit sur ces lugubres bancs des filles-mères,— abandonnées de leurs séducteurs, — qui ont tué leur enfant. Parfois, il se mêle à ce monstrueux assassinat des circonstances épouvantables. On voit des filles qui, dans la furie du désespoir ou de la colère, brûlent un petit être tout palpitant de vie ; on voit des mères dénaturées qui enterrent tout vif un pauvre enfant et qui piétinent sur ses membres fragiles ! En face de telles horreurs, le jury est sévère ; alors, généralement, il n'admet pas les circonstances atténuantes (2). Mais, dans les cas ordinaires, lorsque les accusées n'ont pas employé des moyens atroces, la justice est d'une indulgence extrême ; ces mères criminelles sont condamnées au *minimum* de la peine.

(1) *Statistique de la France*, t. Ier, p. 170.

(2) En 1875, plusieurs condamnations *à mort* ont été prononcées pour crime d'infanticide, notamment par la Cour d'assises du Nord et celle du Morbihan.

— Parfois même les jurés acquittent de pauvres filles manifestement coupables, pourquoi ? parce qu'ils ont pitié d'elles, et surtout parce qu'ils savent qu'un vrai coupable — le séducteur — reste toujours impuni.

Depuis le commencement du siècle, — c'est-à-dire depuis que la séduction n'est plus réprimée par la loi, depuis que la recherche de la paternité est interdite, — le nombre des infanticides, jugés en Cours d'assises, n'a cessé de s'accroître :

De 1826 à 1853, ce nombre a été de 3,671 (en moyenne 131 par an).

De 1854 à 1870, il a été de 3,437 (en moyenne 203 par an).

Mais il ne s'agit là, notez-le bien, que des infanticides *jugés* par les Cours d'assises. Les cas *constatés* sont beaucoup plus nombreux. En moyenne, sur 100 cas d'infanticide parvenus à la connaissance de l'autorité judiciaire, 32 seulement des crimes donnent lieu à poursuite, soit parce que l'auteur est inconnu, soit parce que les magistrats ne peuvent recueillir les preuves suffisantes de culpabilité.

De 1854 à 1870, il y a eu 10,841 infanticides constatés — en moyenne 637 par an (1). — Mais combien de ces forfaits ont échappé aux yeux de la police judiciaire !...

---

(1) *Statistique de la France*, t. Ier, p. 315, 316.

On a remarqué que le nombre des infanticides avait surtout augmenté depuis la suppression des *tours*. L'œuvre des tours a été supprimée, il y a quelques années, et remplacée par des secours aux filles-mères — secours bien modiques, — et par le placement des enfants chez des nourrices mercenaires.

Voici ce que dit, à ce propos, le docteur Brochard dans un ouvrage récemment publié :

« L'économie était évidente, personne ne pouvait la nier ; mais le moraliste et le médecin se demandèrent ce que devenaient les enfants qui n'étaient plus exposés. Fermer le tour, disaient-ils, n'est pas une solution, mais un refoulement qui doit se traduire en crimes. Il est impossible que les avortements et les infanticides ne soient pas plus nombreux.

« On étouffa ces voix comme on étouffe toute vérité qui gêne. Le dépôt secret fut remplacé par une présentation à un délégué, chargé de faire une enquête, de prendre les noms qu'une mère coupable ou malheureuse avait tant d'intérêt à cacher. L'administration, ce me semble, eût été plus prévoyante, plus humaine surtout, si en fermant les tours, elle eût fait griller les égouts qui en sont devenus partout les tristes succursales (1) ! »

---

(1) Dᴿ Brochard. — *La vérité sur les enfants trouvés.*

Depuis 1870, le nombre des avortements et des infanticides n'a cessé d'augmenter.

Quant au nombre des *enfants naturels* il a augmenté, depuis le commencement de ce siècle, dans des proportions effroyables ; il se chiffre, chaque année, par dizaines de mille !

En 1801, on comptait 41,635 naissances d'enfants naturels ;

En 1811. 56,533
En 1821. 68,247
En 1846. 68,868
En 1870. 70,415

Et si l'on compare le nombre des naissances *naturelles* à celui des naissances *légitimes*, on arrive aux proportions suivantes (1) :

En 1801, le rapport des naissances naturelles aux naissances légitimes était de...... 4,82 0/0
En 1811.............................. 6,41
En 1821.............................. 7,54
En 1846.............................. 7,74
En 1870. 8,06

Aujourd'hui, en France, sur un million de naissances annuelles, il naît, en moyenne, 75,000 enfants naturels. 1/3 est reconnu par la mère ; 1/14 seulement par le père. Les autres sont abandonnés.

Donc, la séduction et le libertinage jettent,

(1) *Statistique de la France*, t. I⁰ʳ, p. 65.

chaque année, sur le territoire français, **50,000** enfants trouvés !

Ces enfants, pour la plupart, sont recueillis par les mains administratives de l'Assistance publique. Mais il existe certains vices dans les rouages de cette administration ; nous ne pouvons tous les énumérer ici, mais on peut lire, à ce sujet, le livre du docteur Brochard que nous citions tout à l'heure : *La vérité sur les enfants trouvés.*

Après avoir signalé les abus et les crimes provenant, suivant lui, de la suppression des tours, l'auteur flétrit les coupables manœuvres des « meneuses », qui se chargent de placer les nourrices ou les enfants, et les marchés honteux qui, parfois, ont pour but la disparition d'un petit être devenu gênant ou importun.

M. Brochard conclut des nombreux faits qu'il a pu observer, qu'il faut introduire dans l'administration des Enfants trouvés les modifications suivantes :

1° Rétablir le tour — *ou admettre la recherche de la paternité ;*

2° Modifier le système actuel des secours aux filles-mères ;

3° Rendre le service des enfants trouvés aux administrations des Hospices ;

4° Remplacer, dans ce service, les inspections administratives par des inspections médicales.

Quand tous ces enfants naturels ne sont plus assistés et qu'ils sont lancés dans la vie sociale, en général, que deviennent-ils ? Hélas ! nous le savons. Si l'on consulte les dernières statistiques de la justice criminelle en France, on voit que les enfants illégitimes fournissent un large contingent à la légion des scélérats ; et, finalement, on demeure pénétré d'une affligeante vérité : les enfants trouvés font des hommes perdus !

Voilà des faits ! voilà des chiffres ! ils parlent haut. Cette éloquence de la Statistique nous émeut et, en présence de tels résultats, à la vue de tels ravages, nous ne trouvons qu'un mot pour exprimer notre pensée : C'est effrayant !

Oui, c'est effrayant ! Car si le nombre des attentats aux mœurs, des suicides, des prostituées, des avortements, des infanticides, des enfants naturels continue à s'élever, chaque année, dans de semblables proportions, la société finira par être absolument gangrenée ; et bientôt tous ses membres seront atteints par la corruption du vice ou du crime !

Si maintenant, en face des conséquences désastreuses de la séduction, il se trouve, en France, des Pangloss pensant que « tout est pour le mieux » ; s'il se rencontre des naïfs croyant « qu'il n'y a rien à faire », libre à eux ! Qu'ils se croisent les bras et assistent, en souriant, à la dissolution des mœurs privées et des mœurs publiques !

Pour nous, à la vue d'une calamité que M. Legouvé a appelée un « cancer » social, nous pensons qu'il faut, — par divers moyens — s'efforcer d'arrêter le mal, et que le législateur, dans la sphère qui lui est propre, doit protéger autant que possible les jeunes filles et les enfants, touchantes victimes de la séduction !

*
**

La femme, la jeune fille surtout, doit être respectée ; le respect de la femme est un des fondements de l'ordre social. — Montesquieu a dit :

« Il y a tant d'imperfections attachées à la perte de la vertu chez les femmes, toute leur âme en est si fort dégradée, ce point principal ôté en fait tomber tant d'autres, que l'on peut regarder, dans un état populaire, l'incontinence publique comme le dernier des malheurs et la certitude d'un changement dans la constitution. »

Dans toutes les nations, assurément, il y a des attentats aux mœurs, des infanticides, des enfants naturels et des prostituées ; il y en aura même toujours, quoi qu'on fasse, car aucune loi humaine ne sera assez puissante pour déraciner complétement le germe des passions ; il faut en être convaincu. Mais , chez les peuples qui ont le sentiment d'une saine religion, chez les peuples où la masse des citoyens a le culte du devoir et de la probité, chez les peuples où les lois, justement sévères, sont d'accord avec la morale, la part du vice est plus restreinte ; le fléau de la débauche ne fait pas, chaque année, des ravages *progressifs* et ne s'étend pas insensiblement, comme une lèpre, sur toutes les couches sociales !

Dans toutes les contrées il y a des séducteurs, mais il est des pays où *la femme* — en général — est beaucoup plus respectée que chez d'autres.

On parle fréquemment du sentiment délicat qui, en Angleterre, en Amérique et ailleurs, assure le respect et la protection des hommes à une femme qui se promène ou voyage seule ; il ne faut point s'étonner de cette délicatesse : dans ces pays, la femme est placée sous l'égide des magistrats, sous la sauvegarde des citoyens, et la loi donne aux familles des garanties contre la séduction. Aussi, les jeunes filles jouissent d'une grande liberté, et les hommes ne songent point à en abuser. Il est rare, très-rare, en Amérique ou en Angleterre, qu'une jeune fille seule soit en butte aux obsessions d'un séducteur, et si, par hasard une personne honnête est victime d'une séduction, le coupable est bafoué par ses concitoyens.

En Amérique, notamment dans la Nouvelle-Écosse, lorsqu'une jeune fille a été séduite puis abandonnée, on considère le séducteur comme un

traître ; on le méprise. Et si la victime se venge
sur celui qui l'a trahie, elle est appuyée par l'opinion ; parfois même elle est portée en triom-
phe (1).

Dernièrement, un colonel de l'armée anglaise,
se trouvant seul dans un wagon avec une jeune
fille, miss Dickenson, tenta de la séduire assez brutalement. Cet outrage à la vertu féminine souleva,
dans toute l'Angleterre, une vive indignation. Le
colonel fut condamné non-seulement par la justice de son pays, mais encore par le tribunal de
l'opinion publique. — En France, si un militaire
trop ardent tentait de séduire une jeune fille,
restée seule avec lui, on excuserait très-volontiers
cette blâmable tentative et l'on ferait sans doute
de gauloises plaisanteries sur l'éclat séduisant du
pantalon rouge.

En Allemagne, que se passe-t-il ? Là aussi les
jeunes filles ont une certaine liberté d'allure
et les hommes — en général — sont pleins d'égards
pour elles. Loin de nous l'idée de prétendre que
tous les Allemands sont vertueux ! La « chaste
Germanie », depuis quelque temps surtout, subit
une influence corruptrice qui atteint la pureté légendaire de ses mœurs. — Pourquoi ? peut-être à
cause des doctrines matérialistes qui s'y répandent.
— Quoi qu'il en soit, il nous paraît certain qu'au-

---

(1) Voir Le Droit des femmes, p. 37 et suiv.

jourd'hui, au-delà du Rhin, la femme, — la jeune
fille surtout, — est plus respectée qu'en France.
Chez nous, les hommes veulent vite arriver aux
dernières faveurs ; en Allemagne, ils ont plus de
réserve ou plus de retenue.

Voici un trait de mœurs emprunté à un livre
qui a, en ce moment, un vif succès, — nous voulons parler du *Voyage au Pays des Milliards* :
« Les cochers de Berlin, dit M. Tissot, ont le tempérament amoureux. Un jour, l'un d'eux *charge*,
à l'arrivée d'un train, une jeune et jolie étrangère
qui lui jette une adresse, d'un accent mal assuré.
La voiture se met en marche, traverse un fau-
bourg, pénètre dans une forêt, le Thiergarten, et
s'y enfonce toujours davantage. La jeune voya-
geuse ne comprend rien à cette grande ville qui
lui paraît beaucoup trop ornée de promenades et
d'ombrages luxuriants. Tout à coup la voiture
s'arrête ; le cocher descend de son siége, attache
ses chevaux à un arbre, ouvre la portière et offre
à la jeune dame son bras pour l'accompagner dans
les bosquets. — Au secours ! crie la victime. —
Ne criez pas, dit poliment le cocher ; je n'ai pas
l'intention de vous faire du mal ; mais comme
vous me plaisez, je désire obtenir de vous un baiser, *pas davantage !* — Il fallut bien s'exécuter. Le
baiser reçu, le cocher remonte sur son siége et
conduit consciencieusement la jeune fille à son

adresse. » — En une telle occurrence, qu'aurait fait un automédon gaulois ?

La France est assurément un des pays civilisés où l'on protège le moins la faiblesse du sexe. « Avant tout, — dit un écrivain, qui a voyagé dans les Deux-Mondes (1), — il faut se débarrasser de ce vieux préjugé, que le Français est de tous les peuples celui qui aime et respecte le plus les femmes. Il est poli, c'est vrai ; il leur cède volontiers le pas ; il leur donne le bras pour passer du salon dans la salle à manger *et vice versâ ;* il les salue profondément, il tient son chapeau à la main en leur parlant ; il ira même assez volontiers chercher des fleurs, des gants, une lorgnette ; il se mettra au second rang dans la loge, et fera toutes les grimaces que l'usage du monde a rendues nécessaires ; mais pour leur sacrifier ses goûts, ses plaisirs ou pour leur parler de choses sérieuses, non ! »

Le Français est rempli de belles et brillantes qualités, il est actif, par exemple, spirituel, courageux ; mais il a ses défauts, il faut bien le reconnaître : il est fort léger, notamment en matière d'amour et de séduction, de mariage et d'adultère. Loin de sacrifier aux femmes ses goûts et ses plaisirs, ce sont les femmes qu'il sacrifie volontiers à ses plaisirs ou à ses vices ! — La vieille

_____

(1) Alfred Assollant. *Le droit des femmes,* p. 8.

« chevalerie » française dégénéra en galanterie, pendant les derniers siècles ; et aujourd'hui la galanterie dégénère en libertinage.

Jadis, la séduction n'appartenait guère qu'aux habitudes des seigneurs et des gentilshommes ; elle s'est propagée peu à peu dans tous les rangs de la société, — si bien qu'en France, au temps où nous vivons, *la femme* n'est pas honorée, protégée, respectée comme elle devrait l'être. Chez nous, une femme qui sort seule, le soir, est exposée à tous les dangers, à toutes les obsessions, à tous les outrages. Aucune mère, à moins d'y être forcée par une nécessité absolue, n'ose — même en plein jour — confier sa fille à la foi publique, tant elle redoute les séducteurs !

Les jeunes filles riches mènent une sorte d'existence monastique ; elles restent cloîtrées dans la maison paternelle, et, contrairement à ce qui se passe en Angleterre ou en Amérique, elles ne sortent jamais seules, même pour traverser une rue !

Les jeunes filles pauvres, qui travaillent pour vivre et sont obligées de sortir sans leurs parents, sont exposées, elles, à toutes les embûches des libertins ; et il en est peu qui arrivent à leur majorité sans avoir écouté les flatteries de la séduction ou subi les assauts de la débauche !

Cette façon, non pas chevaleresque, mais cavalière de traiter les filles est passée dans nos mœurs ;

et, en vérité, il est bien gaulois ce proverbe :
« Le coq est lâché, gardez vos poules. » C'est au
coq d'attaquer, aux poules de se défendre ! Tant
pis pour celles qui se laissent terrasser par l'assaut
masculin !

La séduction ? quoi de plus naturel ! dit-on.
Respecter une femme ? fi ! ce serait méconnaître
ses charmes ! Ne pas la séduire ? mais ce serait
lui faire croire qu'elle n'est pas séduisante ! On la
séduit — pour s'amuser ; on l'abandonne — pour
s'en débarrasser. Le duc de Richelieu a fait
école : aujourd'hui, à tous les étages de la société,
on cultive volontiers cette manière d'amour que
Chamfort — un peu réaliste — a si crûment
qualifiée. Mais est-ce bien là de l'amour ? Non.
Comme l'a fort bien dit Alexandre Dumas, « il n'y
a pas l'ombre d'amour dans ces rapprochements
particuliers. Il y a de la jeunesse, du tempérament, de la curiosité, de l'ennui, de l'amour du
plaisir, du libertinage, de l'occasion, et par-dessus
tout cela, le plus puissant argument, le plus
redoutable auxiliaire : l'impunité pour l'homme !
Quant à l'amour, il n'a qu'une forme : IL ÉPOUSE
LA FEMME QUAND ELLE EST LIBRE, IL LA RESPECTE
QUAND ELLE NE L'EST PAS. Tout ce qui, entre homme
et femme, prend une autre forme que celle-là n'est
pas de l'amour. »

Comme sous Louis XV, c'est une « passade, »
voilà tout. Quant aux *conséquences* naturelles de

9

ce commerce éphémère, le séducteur s'en moque,
— il n'y songe même pas ! ou, s'il y songe, c'est
pour décliner d'avance, *in petto*, toute responsabilité. Aussi bien, il est fort tranquille. Qu'a-t-il à
redouter ? Il a ouvert le code : il sait qu'en France
la loi pénale ne réprime pas la séduction ; il sait
que la loi civile interdit la recherche de la paternité ; il s'imagine qu'on peut impunément se jouer
d'une fille et d'un enfant ; et il le croit non sans
raison : la loi proclame l'impunité !

*
* *

Cependant, chez presque tous les peuples d'Eu-
rope ou d'Amérique, la séduction est réprimée
spécialement par la loi.

En Prusse, par exemple, la séduction est considérée comme un *délit* dont les magistrats pour-
suivent d'office la répression. Ce délit est puni de
six mois d'emprisonnement, avec travail forcé.

Au Brésil, la séduction est punie de peines
afflictives.

Aux Etats-Unis, le séducteur âgé de moins de
vingt-cinq ans est condamné à l'amende, — au-
delà de cet âge, à l'emprisonnement. Une simple
promesse de mariage, violée sans motif légitime,
est considérée comme tentative de séduction, et
le coupable est mis en demeure d'épouser la jeune
fille ou de lui payer une somme considérable.

En Angleterre, lorsque la séduction n'est pas entourée de circonstances aggravantes qui lui donnent le caractère d'un délit, elle est au moins considérée par la loi comme un *quasi-délit*. Une action civile est formellement ouverte au père de la fille séduite, pour atteinte à l'autorité paternelle. Quant à la famille de la victime ou à la victime elle-même, la loi lui donne positivement le droit de réclamer contre le séducteur des dommages-intérêts, à titre d'indemnité. — Les Anglais ont si bien compris tout ce que la séduction a d'immoral et d'antisocial que, grâce à l'initiative individuelle, ils ont su organiser des sociétés libres et puissantes pour faciliter aux familles indigentes l'application de la loi relative aux cas de séduction.

En Autriche, en Portugal, en Suisse, les Codes contiennent des dispositions formelles à l'encontre des séducteurs.

Chez ces peuples, on croit avec raison que le sexe *faible* doit être protégé contre le sexe *fort*; on pense que chaque citoyen doit encourir la responsabilité de ses actes et de ses fautes. On estime que, par le fait d'un libertin, la société a été privée d'une bonne mère de famille et que, déshonorée, dénuée de secours, dévorée d'angoisses, la jeune fille séduite serait vouée au vice ou au crime, — alors surtout qu'elle est enceinte. On trouve donc juste de punir le coupable et d'enlever à l'homme, qui a abusé de ses prérogatives, de sa position et de sa fortune, une certaine partie de ses biens pour réparer, autant que faire se peut, le préjudice qu'il a volontairement causé.

Cela ne suffit pas : chez ces peuples, on s'occupe non-seulement de protéger la jeune fille, mais encore de sauvegarder le plus possible les droits de l'enfant.

Dans la plupart des États allemands, en Suisse, en Angleterre, aux États-Unis, la recherche de la paternité est autorisée, dans certaines circonstances, et avec certains ménagements.

On a rejeté, et avec raison, la fameuse maxime : *Creditur virgini parturienti*, qui avait autrefois donné lieu à tant de scandales.

En Bavière, par exemple, le Code Maximilien dit que la simple déclaration de la mère ne peut constituer contre le prétendu père, une preuve suffisante, si elle n'est appuyée, corroborée par d'autres indices constants et dignes de foi.

Le Code prussien a spécifié plusieurs présomptions légales auxquelles le juge doit s'attacher pour trouver des preuves et asseoir sa conviction.

Mais, — chose assez bizarre, — ces deux Codes d'outre-Rhin déclarent que la paternité peut reposer sur plusieurs têtes : on admet la responsabilité solidaire, la paternité collective !

Le Code de Zurich s'exprime ainsi : « La femme

qui est devenue enceinte a le droit de poursuivre en paternité l'auteur de sa grossesse. » Mais, en règle générale, elle ne peut intenter son action que pendant la grossesse, et elle doit apporter des preuves sérieuses à l'appui de sa prétention.

La loi anglaise, comme la loi américaine, autorise la recherche de la paternité, mais avec de sages précautions, destinées à prévenir autant que possible les abus.

Voilà comment, dans les Deux Mondes, les législateurs ont enseigné, indirectement, le respect de la femme et de l'enfant. Les lois ont sanctionné ce principe de droit naturel : « Tout homme est responsable de ses actes, » et les Anglais, les Américains, se sentant maîtrisés par le sentiment d'une juste responsabilité, ont beaucoup plus d'égards pour les jeunes filles ; ils les honorent ; ils les protégent, au lieu de les outrager !

En France, les séducteurs sont impunis, et partant la femme est beaucoup moins respectée. Voici, à ce sujet, ce que rapporte M. Le Play :

« Les lois qui, en France, assurent l'impunité de l'homme en matière de séduction, sont un sujet d'étonnement pour les Anglo-Saxons des deux hémisphères. Les Américains du Nord, en particulier, condamnent sévèrement ce genre d'ABERRATION ; et je les ai souvent entendus déclarer que, sous ce rapport, les Français ONT PERDU LE SENS MORAL. » (*L'Organisation du Travail*, p. 202.)

De tous ces arguments et de tous ces faits, nous devons conclure, avec conviction, qu'une réforme législative est, en France, absolument nécessaire.

———————

RÉFORME DE LA LOI PÉNALE.

Attentats à la pudeur. — Lacune à combler. — L'échelle de la criminalité. — Transition de *crime* à *délit*. — La séduction frauduleuse des jeunes filles mineures doit être un délit. — Aggravation de la culpabilité et de la peine, selon la qualité du séducteur. — La séduction des mineures suivie d'enlèvement. — Réflexions sur l'âge de la victime. — Age de la nubilité. — Une précaution à prendre. — Imputations calomnieuses. — Un article additionnel.

Il faut donc, en France, une loi contre la séduction.

Quelle sera cette loi ? Il ne nous appartient pas de le décider ; ce sera l'œuvre du législateur. Toutefois, il nous est permis de soumettre au public nos idées sur ce sujet ; notre avis, bien entendu, n'a d'autre valeur que celle d'une opinion personnelle que chacun peut librement discuter.

Il convient d'abord, selon nous, de modifier ou de compléter le Code pénal en plus d'un point.

La loi française protége les enfants avec une

sollicitude que nous nous sommes plu à reconnaître ; elle punit les attentats à la pudeur commis *avec violence* sur les enfants âgés de moins de *quinze ans* (art. 332), c'est fort bien. Mais pourquoi, lorsqu'il s'agit d'un attentat à la pudeur commis *sans violence*, ne protège-t-elle les enfants que jusqu'à l'âge de *treize ans* ? (Art. 331.) Pourquoi ? Nous ne saurions le dire.

Le législateur, dans l'article 331, « a voulu punir l'effet de la *séduction*, si facile à exercer sur un enfant, » qui n'a pas encore assez de discernement pour apprécier toute l'immoralité de l'acte qu'un débauché lui propose ; or, cette *séduction*,— comme le disaient quelques députés en 1832, — n'est-elle pas aussi à craindre sur un enfant de quatorze ou quinze ans que sur un enfant de treize ans ? (page 20.)

Déjà, dans le premier cas, le Code a tenu à protéger les enfants des deux sexes jusqu'à l'âge de *quinze ans ;* — pourquoi ne pas fixer la même limite d'âge, pour tous les attentats à la pudeur, *avec* ou *sans violence ?*

Est-ce que l'homme qui corrompt, sans violence, une petite fille, une enfant de quatorze ou quinze ans, pour satisfaire sa lubricité « personnelle, » ne commet pas un *attentat à la pudeur ?*... Cependant, d'après la législation actuelle, cette infâme séduction reste impunie !

Eh bien ! à nos yeux, il y a là un *crime ;* et, selon nous, l'article 331 du Code pénal devrait, à l'avenir, être ainsi conçu :

Art. 331. — Tout attentat à la pudeur consommé ou tenté sans violence sur la personne d'un enfant de l'un ou l'autre sexe, âgé de moins de *quinze ans*, sera puni de la réclusion. — Sera puni de la même peine l'attentat à la pudeur commis par tout ascendant sur la personne d'un mineur, même âgé de plus de *quinze ans*, mais non émancipé par le mariage.

Rédigé en ces termes, l'article 331 atteindrait tous les individus qui commettent, sans violence, des attentats criminels sur des enfants de treize à quinze ans. Ce serait une satisfaction donnée par la justice à la morale et à la raison ; — de plus, cet article 331 serait désormais en harmonie avec l'article 332 (1).

Ainsi, dans notre système, la *séduction* exercée sans violence, contre les jeunes filles âgées de moins de quinze ans, serait un crime puni de la

(1) Art. 332. — Quiconque aura commis le crime de viol sera puni des travaux forcés à temps. Si le crime a été commis sur la personne d'un enfant au-dessous de l'âge de *quinze ans* accomplis, le coupable subira le maximum de la peine des travaux forcés à temps. — Quiconque aura commis un attentat à la pudeur, consommé ou tenté avec violence contre des individus de l'un ou de l'autre sexe, sera puni de la réclusion. Si le crime a été commis sur la personne d'un enfant au-dessous de l'âge de *quinze ans* accomplis, le coupable subira la peine des travaux forcés à temps. »

réclusion. — Et l'article 333 frapperait, comme il frappe actuellement, de peines plus sévères les coupables qui ont autorité sur la victime. (page 22.)

*
* *

Quid lorsqu'il s'agira d'une jeune fille âgée de plus de quinze ans — c'est-à-dire arrivée à l'âge où elle peut légalement contracter mariage ?

Nous avons suffisamment démontré qu'aujourd'hui la loi « abandonne » la jeune fille de cet âge et lui laisse le soin de se défendre elle-même contre les tentatives lubriques.

Si le séducteur n'use pas de violence, il peut abuser impunément de cette adolescente ; il n'y a ni crime, ni délit.

Certes, nous comprenons que la loi ne considère pas une jeune fille de seize ou dix-sept ans comme une *enfant* ; nous comprenons que le Code n'assimile pas la séduction d'une fille de cet âge à l'attentat à la pudeur sans violence et n'en fasse pas un *crime* passible de la réclusion ! — La répression dépasserait alors les bornes d'une juste sévérité, — mais il nous semble qu'en cette matière la loi ne doit pas tomber tout à coup, — et sans transition, — de la punition du *crime* à l'impunité absolue. Il existe des degrés sur l'échelle de la criminalité.

Oui, on a raison de dire qu'une jeune fille de

dix-sept ans a plus de discernement qu'une enfant de douze ou treize ans et que, nubile, elle
doit mieux se mettre en garde contre les embûches des libertins ; mais il n'en est pas moins
vrai qu'à cet âge — plus encore que pendant l'enfance — une jeune fille est entourée de dangers et
de séductions ; sa jeunesse, sa beauté, son innocence même attirent autour d'elle l'essaim des séducteurs ! A l'âge où l'amour commence à germer
dans son sein, la jeune fille peut écouter, sans y
prendre garde, ceux qui abusent de sa tendresse.
Son cœur est faible ; elle a besoin de protection.
A cet âge des illusions, une vierge n'a pas assez
de prudence pour éviter tous les piéges qui lui
sont tendus, assez de perspicacité pour déjouer
les manœuvres dont on l'environne, assez de force
morale pour résister toujours aux amoureuses
obsessions d'un hardi séducteur ; elle n'a pas l'expérience des choses de la vie et, en général, ne
peut comprendre toute la gravité, toutes les
conséquences terribles d'un rapprochement momentané. — Il est donc facile à un Don Juan de
rassurer une vierge par des paroles mensongères,
et de lui promettre, au besoin, un mariage imaginaire ! Il est facile à un séducteur entreprenant
d'abuser des *faiblesses* et des *passions* d'une mineure pour lui faire commettre l'acte imprudent
qui doit la perdre !

Dans cet amoureux « combat, » l'homme, tou-

jours agresseur, est le plus fort — et il ne risque
rien ! La jeune fille est la plus faible,— et elle risque tout ! C'est à ce double titre qu'une jeune fille
doit être, à notre avis, spécialement protégée par
la loi.

L'homme qui séduit une jeune fille *mineure*, à
l'aide de perfides moyens, commet, selon nous,
une SÉDUCTION FRAUDULEUSE, analogue au *stuprum*,
qui revêt tous les caractères d'un délit.

Nous voudrions donc que, dans la section des
attentats aux mœurs, la loi pénale contînt une disposition ainsi conçue :

Quiconque aura séduit une jeune fille *mineure*, âgée
de plus de quinze ans, — soit en employant des manœuvres frauduleuses ou des promesses mensongères, —
soit en abusant de la confiance, des faiblesses ou des
passions de cette mineure pour extorquer son consentement, sera puni d'un emprisonnement de six mois au
moins, de deux ans au plus, et d'une amende de 100 à
2000 francs.

Dans le système que nous proposons, la loi pénale ne devrait atteindre que la séduction frauduleuse des *jeunes filles mineures*, seulement, — et
non la séduction des filles ou veuves majeures,
ou même des veuves mineures, car on doit présumer, légalement, que ces personnes majeures ou
émancipées par le mariage, ont assez de discernement et d'expérience pour résister aux manœuvres

des séducteurs.— Nous ne parlons point non plus des femmes « en puissance de mari, » puisque la séduction d'une femme mariée est, en somme, un *adultère*, déjà puni par le code pénal. (Art. 338.)

Si la séduction frauduleuse d'une jeune fille mineure était commise par des personnes ayant une certaine qualité ou quelque autorité sur la victime, la culpabilité serait plus grande, et la peine devrait être justement *aggravée*; à l'article concernant la séduction, il y aurait donc lieu d'ajouter la disposition suivante :

Si le séducteur d'une fille mineure, âgée de plus de quinze ans, est de la classe des personnes qui ont autorité sur elle; s'il est son tuteur, son professeur, son patron ou son maître, ou bien s'il est serviteur à gages de la fille séduite ou des personnes qui ont autorité sur elle, s'il est fonctionnaire ou ministre d'un culte, la peine sera de deux ans à cinq ans d'emprisonnement, et l'amende de 500 à 5,000 francs.

Enfin, si la séduction d'une jeune fille mineure était suivie d'un *enlèvement*, accompli *sans fraude ni violence*, le fait imputable au séducteur deviendrait plus odieux; il y aurait là un « rapt de séduction » portant une grave atteinte à l'autorité paternelle, et cet acte — aujourd'hui impuni — devrait être, selon nous, considéré comme un *crime*.

Le code pénal contient, à cet endroit, une lacune qu'il importe de combler.

Ainsi que nous l'avons vu plus haut, (page 27) l'enlèvement des mineurs n'est puni, aux termes de la loi actuelle, que dans le cas où le ravisseur a employé la fraude ou la violence pour commettre l'enlèvement. Si la jeune fille, enlevée *avec fraude ou violence*, est âgée de *seize* à vingt et un ans, le ravisseur est puni de la réclusion. (Art. 354.) Si la personne enlevée est une *fille* âgée de moins de seize ans, le ravisseur est puni des travaux forcés. (Art. 355.) Et lors même que cette jeune fille, âgée de moins de seize ans, *aurait consenti* à son enlèvement, le ravisseur est encore condamné aux travaux forcés, s'il est majeur, — ou à l'emprisonnement, s'il est mineur. (Art. 356.)

Mais si la mineure est âgée de plus de *seize* ans, et si elle a *consenti* à l'enlèvement, il n'y a ni crime, ni délit. — C'est là précisément que nous apercevons une lacune dans le code pénal !

Le Rapporteur disait en 1810 : « Le *consentement* donné par une fille au-dessous de seize ans n'a aucune influence sur la nature de la peine ; il est censé arraché à la *timidité* de ce sexe, ou être l'effet décevant des *illusions* et des *prestiges* dont il est si facile d'entourer l'*inexpérience* et la *crédulité* de cet âge. »

Eh bien ! il nous semble qu'un séducteur peut, très-facilement aussi, surprendre ou arracher le consentement inconsidéré d'une jeune fille de dix-huit ans ; c'est l'âge de l'inexpérience et de la crédulité ; c'est l'âge des illusions et des prestiges ; c'est l'âge des idées romanesques ; c'est l'âge des enlèvements ! Car nul ne nous contredira quand nous affirmerons qu'un jeune homme songera plutôt à *enlever* une fille de dix-huit ans qu'une naïve enfant qui compte à peine douze printemps !

Or, l'homme qui abuse des passions, de la faiblesse, de l'inexpérience et de la crédulité d'une jeune fille pour la détourner et *l'enlever* à ses père et mère, non seulement commet une séduction coupable, mais viole en outre le sanctuaire domestique, trouble la paix d'une famille et s'insurge contre l'autorité paternelle. Et certes, ce n'est pas trop s'avancer que de dire : cet enlèvement est un crime.

On punit des *travaux forcés* l'homme, majeur, qui a enlevé, sans contrainte, une petite fille âgée de moins de SEIZE ans (Art. 355) ; on devrait punir de la *réclusion*, —·car il y a une nuance dans la culpabilité, — l'individu qui a enlevé, sans fraude ni violence, une jeune fille mineure âgée de plus de seize ans, car un pareil crime ne peut rester impuni ! Nous disons « âgée de plus de seize ans, » parce que nous raisonnons, en ce moment, d'après les termes de la loi actuelle. Mais nous croyons devoir faire ici une observation au sujet de l'âge de la victime.

Aujourd'hui, le Code pénal, en matière d'attentats aux mœurs, prend tantôt 13 ans, tantôt 15 ans, tantôt 16 ans, pour limite d'âge. On a peine à trouver une raison valable pour expliquer ces différences.

Tout à l'heure, pour mettre en harmonie les articles 331 et 332, nous venons de proposer une seule limite d'âge, — *quinze ans*. — Pourquoi ? parce que la quinzième année est précisément, aux yeux de la loi, l'âge de la nubilité des jeunes filles.

On devrait, ce nous semble, adopter également cette limite rationnelle, en matière *d'enlèvement*. Cela dit, voici comment nous modifierions les articles du code pénal :

Art. 354. — Quiconque aura, par fraude ou violence, enlevé ou fait enlever des mineurs (de l'un et l'autre sexe), ou les aura entraînés, détournés ou déplacés, ou les aura fait entraîner, détourner et déplacer des lieux où ils étaient mis par ceux à l'autorité ou à la direction desquels ils étaient soumis ou confiés, subira la peine de la réclusion.

Art. 355. — Si la personne ainsi enlevée ou déplacée est une fille au-dessous de *quinze* ans accomplis, la peine sera celle des travaux forcés à temps.

Art. 356. — Quand la fille au-dessous de *quinze* ans aurait consenti à son enlèvement ou suivi volontairement le ravisseur, si celui-ci était majeur de 21 ans ou au-dessus, il sera condamné aux travaux forcés à temps.

Si le ravisseur n'avait pas encore 21 ans, il sera puni d'un emprisonnement de deux à cinq ans.

Si une fille mineure, âgée de *plus de quinze* ans, est enlevée, *sans fraude ni violence*, par son séducteur, le coupable sera condamné à la réclusion, s'il est majeur ; et, s'il est mineur, il sera puni d'un emprisonnement de six mois à deux ans.

Nous pensons que la loi pénale serait alors complète et homogène.

***

Là cependant ne devrait pas se borner l'œuvre du législateur.

Il est juste de protéger les jeunes filles *mineures* et de donner à leurs familles des garanties contre la *séduction* ; mais il faut, d'un autre côté, mettre les hommes honnêtes et irréprochables à l'abri de calomnieuses imputations.

Ici, comme en matière d'injure ou d'adultère, l'action publique ne devrait être mise en jeu que sur la plainte directe des personnes offensées : les parents ou tuteurs des filles mineures qui voudraient provoquer la répression d'un délit de *séduction frauduleuse*, seraient obligés de déposer une plainte régulière au Parquet ; et si plus tard il était établi que la plainte avait été formée contre un homme honorable, dans un but de spéculation ou de calomnie, les plaignants pourraient être passibles de peines plus ou moins sévères.

On devrait donc ajouter aux dispositions précédentes un article ou paragraphe conçu à peu près en ces termes :

Le délit de séduction frauduleuse ne pourra être poursuivi que sur la plainte de la fille séduite ou de ses père, mère et tuteur. — Toute personne convaincue d'avoir, dans une plainte de ce genre, porté une imputation calomnieuse, sera punie d'un emprisonnement de six mois à deux ans.

Telles sont, au sujet de la séduction, les réformes que l'avenir devra, ce nous semble, apporter à la loi pénale.

§ 3.

RÉFORME DE LA LOI CIVILE.

Action civile des filles séduites contre leur séducteur. — Recherche de la paternité. — Il faut maintenir le principe posé dans
l'art. 340. — Seulement, il faut augmenter le nombre des
exceptions. — Dans quels cas ? — Enlèvement. — Viol. —
Séduction frauduleuse. — Circonstances entourant parfois le
fait de la paternité. — Modifications de l'art. 340. — Conséquences de la réforme.

Après avoir modifié la loi pénale dans le sens
que nous venons d'indiquer, le législateur français devrait, — comme on l'a fait dans certains
pays, — accorder positivement une *action civile*
aux filles qui sont victimes d'une séduction dolosive, afin qu'elles pussent réclamer judiciairement
une indemnité au séducteur qui leur a causé un
préjudice sérieux en les abandonnant.

A la vérité, les tribunaux civils se sont appuyés
déjà sur les termes généraux de l'article 1382 pour
atteindre des séducteurs et les condamner à indemniser leurs victimes ; mais on se rappelle que cette
jurisprudence a été vivement combattue. Des

juristes consommés sont allés jusqu'à accuser la magistrature d'empiéter sur le pouvoir législatif ! Dans ces circonstances, — et bien que cette accusation ne nous paraisse pas fondée, — peut-être vaudrait-il mieux que le *pouvoir législatif* intervînt pour dissiper tous les doutes ?

Au chapitre des « QUASI-DÉLITS, » le Code civil pourrait donc contenir une disposition analogue à celle-ci :

Toute fille, mineure ou majeure (1), qui aura été victime d'une séduction *dolosive*, pourra réclamer contre son séducteur de justes dommages-intérêts.

Si cet article trouvait place dans notre législation, aucune difficulté ne s'élèverait désormais, devant les tribunaux, sur la recevabilité d'une telle action. De plus, la loi dirait, en termes formels, aux séducteurs qu'ils sont civilement *responsables* de leurs actes et de leurs fautes ; et, en présence d'un texte précis, catégorique, les juges — suivant l'exemple des magistrats anglais ou américains, — n'hésiteraient pas à condamner les corrupteurs de la jeunesse à indemniser largement les filles qu'ils ont déshonorées.

(1) Il ne s'agit plus là d'un *délit*, commis à l'encontre d'une mineure, mais seulement d'un *quasi-délit*, d'un fait dommageable, qui, dans certaines circonstances, peut fort bien causer *préjudice* à une fille majeure.

L'enfant naturel, innocente victime de la séduction, est digne, lui aussi, de la bienveillance du législateur.

Actuellement, l'article 340 du Code civil est rédigé en ces termes : « *La recherche de la paternité est interdite.* — Dans le cas d'enlèvement, lorsque l'époque de cet enlèvement se rapportera à celle de la conception, le ravisseur *pourra* être, sur la demande des personnes intéressées, déclaré père de l'enfant. »

Cet article, à notre sens, devrait être complété.

Il faut admettre, — en règle générale, — que « la recherche de la paternité est interdite. » Ce principe doit être conservé, parce que la paternité, en dehors du mariage, est un fait naturel entouré d'obscurité, et parce que le fait *seul* de la grossesse d'une femme ne peut servir de base à une « action en paternité, » contre le premier homme venu. Cela est certain. On ne peut permettre à une intrigante de venir, au nom de son enfant, diriger sans preuves une accusation contre un honnête homme ! On ne peut permettre à une fille publique — qui fait métier, elle, de séduire les gens, — de soutenir que le père de son enfant est précisément le plus riche de ses amants ! On ne peut permettre à un enfant de s'adresser à tel homme qu'il voudra *choisir* pour père et de réclamer à cet homme des rentes ou une pension alimentaire ! Non. Les tribunaux ne peuvent, sans raisons, sans preuves sérieuses, imposer à un citoyen des *obligations* légales de paternité !

Mais le législateur, en posant comme règle que « la recherche de la paternité est interdite, » a compris lui-même que ce principe ne pouvait être absolu ; et déjà il a admis une exception, — en cas d'enlèvement.

« Dans ce cas, disait le Rapporteur, le délit du ravisseur et la *forte présomption* qu'il est l'auteur de la grossesse de la femme, lorsque l'enlèvement se rapporte à l'époque de la conception, sont des motifs suffisants pour qu'il puisse, *s'il n'a pas de moyens de défense valables*, être déclaré père de l'enfant. »

Cela est juste ; mais il est d'autres circonstances exceptionnelles où le père peut être recherché aussi justement, et nous pensons que le législateur, tout en maintenant la règle posée par l'article 340, devrait élargir, — avec mesure, avec prudence, — la voie des exceptions.

I. — Il importe d'abord de préciser l'exception admise en cas *d'enlèvement.*

En effet, en face de l'article 340, tel qu'il est aujourd'hui rédigé, on s'est posé diverses questions qui ont leur importance. Que faut-il en-

tendre par ce mot *enlèvement* ? Suppose-t-il nécessairement l'emploi de la violence ? L'exception
doit-elle s'appliquer si le ravisseur, au lieu d'employer la force, a eu recours à la fraude et à la
séduction ?

Des jurisconsultes, notamment MM. Aubry et
Rau, et M. Dalloz (1) soutiennent que les considérations, qui ont fait admettre l'exception portée
dans l'article 340, ne s'appliquent en aucune manière à la séduction suivie d'enlèvement, au *rapt
de séduction*, comme on disait autrefois. Ils prétendent que le législateur a entendu parler d'un
enlèvement opéré de vive force, en un mot, du
rapt de violence, et qu'au surplus l'idée de violence
est attachée à l'expression même d'enlèvement.
Ils disent que si l'on a admis la recherche de la
paternité, dans ce cas exceptionnel, c'est uniquement parce que la durée plus ou moins longue de
la « séquestration » de la mère, pendant le temps
correspondant à celui de la conception, pourrait
fournir la preuve de la paternité du ravisseur. Ils
s'appuient sur la discussion qui a eu lieu au Conseil d'Etat. Enfin, ils citent le discours de M. Duveyrier au Corps législatif, qui paraît en effet considérer le rapt de violence comme rentrant seul
dans les termes de l'article 340.

D'autres jurisconsultes, beaucoup plus nom-

(1) Dalloz. — *Répertoire*. V° *Paternité*, n° 603.

breux, — entre autres M. Demolombe, — re-
poussent cette interprétation comme trop absolue,
et opposent à la doctrine de MM. Aubry et Rau
des arguments que l'on peut résumer ainsi :

D'abord, il n'est pas exact de dire que le mot
enlèvement, par lui-même, implique nécessairement l'idée de violence. D'après la définition
donnée par l'ancien Denisart (v° *Rapt*, n° 1),
et par Merlin, c'est le crime commis par celui
qui enlève une femme ou une fille du lieu où elle
réside, pour la conduire dans un autre endroit,
soit pour la corrompre ou la violer, soit pour
l'épouser. Pourquoi donc supposer que le Code
civil, lorsqu'il s'est servi du mot *enlèvement*, qui a
absolument la même signification que le mot *rapt*,
y ait attaché un sens plus restreint et qu'il n'ait
entendu parler que du rapt de violence ? — Quant
à cet argument : Que le motif déterminant du législateur a été que la séquestration de la mère,
pendant le temps correspondant à celui de la conception, peut fournir la preuve de la paternité du
ravisseur, on y répond en disant que l'article 340
n'exige pas précisément cette condition, et qu'on
accordant aux juges la *faculté* d'apprécier, d'après
les circonstances, si le ravisseur est ou n'est pas
le père de l'enfant, le législateur semble, au contraire, avoir eu en vue le cas où le défaut de séquestration rendrait possibles les relations de la
femme avec un autre que le ravisseur. — Si

M. Duvoyrier, dans son discours, n'a cité que l'exemple d'un enlèvement par violence, cela ne suffit pas pour prouver que cet exemple soit le seul qu'il aurait pu proposer.

M. Demolombe fait valoir, en outre, des considérations morales qui ont beaucoup de force : « Comment ! s'écrie-t-il, voilà un homme qui, par fraude, a enlevé une fille mineure ou qui, MÊME PAR SÉDUCTION, a décidé une fille mineure au-dessus de seize ans à le suivre ; l'éducation de cette jeune fille, ses mœurs jusque-là toujours pures, les circonstances du fait enfin, qui témoignent qu'elle a été sous la puissance exclusive du ravisseur ; tout démontre aux magistrats que ce ravisseur est certainement le père de l'enfant..... et la paternité ne pourra pas être recherchée contre lui ! Cela ne serait-il pas inique et immoral ? »

Cette interprétation a été admise par MM. Valette, Duvergier, Marcadé, et d'autres jurisconsultes. Mais la loi est vague. Le législateur devrait donc,— comme nous le disions plus haut, — *préciser* l'exception admise en cas d'enlèvement et dire, pour éviter toute controverse, que cette exception s'applique au rapt de violence et au rapt de *séduction*.

II. — la loi française ne dit pas non plus si la recherche de la paternité peut être admise en cas de viol.

10

MM. Aubry et Rau, et M. Ducaurroy prétendent que l'exception établie pour le cas d'enlèvement ne doit pas être étendue au cas de viol (1).
Mais la plupart des auteurs, Toullier, Valette,
Demolombe, et d'autres encore, partagent l'avis
contraire.

Le viol, on l'a dit avec raison, est une sorte
« d'enlèvement momentané, » puisqu'il met,
comme l'enlèvement, la femme au pouvoir de
l'homme pendant un certain temps. Il y a plus :
le viol implique non-seulement la violence, mais
le rapprochement sexuel. Il naît donc du viol une
présomption plus grave encore que de l'enlèvement. Il semble dès lors que les magistrats pourraient déclarer l'auteur du viol père de l'enfant,
— si les circonstances démontraient que cet enfant ne peut être attribué qu'à lui, et ici on devrait
tenir compte surtout de la pureté des mœurs de
la femme violée. « Il serait trop rigoureux, dit
M. Dalloz, lorsqu'une faute ne peut être reprochée
à cette femme, lorsque la régularité de sa conduite ne peut permettre le plus léger doute sur
l'origine de l'enfant auquel elle a donné le jour,
qu'elle ne pût forcer l'auteur du crime à remplir
envers cet enfant les devoirs de la paternité ! »

Ces réflexions nous semblent fort justes ; mais
la question est controversée ; les jurisconsultes,

(1) Aubry et Rau, t. IV. p. 72. — Ducaurroy, t. 1er, n° 498.

— comme Hippocrate et Gallien — disent, les uns
oui, les autres *non*. Somme toute, la loi est absolument muette sur ce point, et il nous semble
impossible qu'en présence de l'article 340, tel
qu'il est aujourd'hui rédigé, un tribunal admette
la recherche de la paternité en cas de *viol*.

Lors de la rédaction du Code, le Premier Consul disait : « La loi doit punir l'individu qui s'est
rendu coupable de viol, mais elle ne doit pas aller
plus loin. » Nous estimons, nous, qu'elle doit
aller *plus loin* ; car, lorsqu'un homme, emporté
par une ardeur sauvage, viole une femme et lui
impose, de vive force, un enfant, c'est bien le
moins qu'il soit responsable de sa paternité !

Nous en concluons que le législateur devrait
admettre une seconde exception au principe posé
dans l'article 340, et déclarer formellement que,
lorsqu'un viol est commis, et lorsque le moment
de ce viol coïncide avec l'époque de la conception,
l'auteur du crime *pourra* être déclaré père de l'enfant.

Il y aurait là une réforme législative sur laquelle tous les jurisconsultes et tous les honnêtes
gens devraient, ce semble, être d'accord.

III. — Mais l'enlèvement et le viol sont, après
tout, des crimes assez rares ; les libertins qui
jettent, chaque année, 75,000 enfants naturels
dans tous les départements de la France, n'ont
guère l'habitude d'enlever les filles ou de les violer !

En matière d'amour, l'abus de la force physique est une circonstance tout à fait exceptionnelle.

Depuis 1791, le législateur français ne s'est point occupé d'un abus beaucoup plus fréquent, l'abus de la *violence morale*. « Il est, disait Rollin, une autre sorte de violence qui n'en a ni le nom, ni l'extérieur, mais qui n'en est pas moins dangereuse : je veux dire la *séduction*. » — La séduction ? Voilà le fait qui corrompt tant de jeunes filles, encore mineures ! La séduction ? Voilà le fait qui cause tant de naissances illégitimes ! La séduction ? Voilà le délit qui entraîne à sa suite tant d'infanticides, tant de misères et tant de maux ! Voilà le véritable fléau social !

Eh bien ! il faut avoir le courage de mettre le fer sur la plaie ; il ne faut pas craindre d'admettre — exceptionnellement — la recherche de la paternité en cas de *séduction*, dûment constatée.

Aussi proposons-nous, sans hésiter, aux futurs législateurs d'admettre, par exception, la recherche de la paternité contre le séducteur, — mais seulement dans les deux cas suivants :

1° Lorsque le séducteur se sera rendu coupable d'une *séduction frauduleuse*, — c'est-à-dire d'une séduction opérée sur une jeune fille mineure à l'aide de promesses mensongères, de manœuvres frauduleuses, d'abus de confiance, — et lorsque la conception de l'enfant coïncidera avec l'époque de cette séduction.

2º Lorsque, après une cohabitation dûment établie, avec une fille mineure ou majeure, il existera un *commencement de preuve par écrit* émanant du séducteur, — par exemple, lorsque le séducteur dans des lettres ou des actes écrits de sa main, se considérant lui-même comme père, aura promis de subvenir aux frais de l'accouchement et à l'entretien de l'enfant, et lorsqu'en outre il existera, en faveur de l'enfant, une *possession d'état*, — c'est-à-dire lorsque l'enfant pourra justifier, par témoins ou autrement, que l'individu qu'il prétend être son père naturel, l'a déjà considéré comme son enfant et a pourvu, pendant un certain temps, à son entretien. Dans ce cas, les deux conditions (*commencement de preuve par écrit* et *possession d'état*) devraient être réunies.

La loi du 12 Brumaire an II — qui avait mis les enfants naturels sur le même pied que les enfants légitimes, relativement à la succession des père et mère, — portait ceci : « Pour être admis à l'exercice des droits ci-dessus, dans la succession de leur père décédé, les enfants nés hors mariage seront tenus de prouver leur *possession d'état*. Cette preuve ne pourra résulter que de la représentation d'écrits publics ou privés du père, ou de la suite des soins donnés, à titre de paternité et sans interruption, tant à leur entretien qu'à leur éducation. » (Art. 8.)

Le projet de loi que nous proposons est, en

somme, plus rigoureux que la loi de Brumaire, car nous exigeons la réunion des deux conditions : écrits émanant du séducteur ET soins donnés à titre de paternité.

Il nous semble que la recherche de la paternité ainsi formulée, ainsi restreinte, et admise, *par exception*, dans les circonstances précises que nous venons d'indiquer, ne pourrait ouvrir la porte à tous les abus qui se sont produits autrefois.

Lorsqu'on se trouverait dans l'un des quatre cas que nous venons d'indiquer, il y aurait, — selon nous, — une *présomption légale* tellement forte qu'elle suffirait pour faire déclarer père de l'enfant tout homme « qui n'aurait pas de moyens de défense valables. »

En résumé, nous proposons de modifier ainsi l'article du code civil qui concerne la recherche de la paternité :

ART. 340. — La recherche de la paternité est interdite, excepté dans les circonstances suivantes :

1° Dans le cas D'ENLÈVEMENT, *avec ou sans violence*, lorsque l'époque de l'enlèvement se rapportera à celle de la conception.

2° Dans le cas de VIOL, lorsque l'époque du viol se rapportera également à l'époque de la conception ;

3° Dans le cas de SÉDUCTION FRAUDULEUSE d'une fille *mineure*, lorsque la conception de l'enfant coïncidera avec l'époque de la séduction.

Dans ces trois cas, le coupable *pourra*, sur la demande des parties intéressées, être déclaré père de l'enfant.

4° Lorsqu'un homme aura eu des relations intimes avec une fille ou une veuve, mineure ou majeure, la recherche de la paternité pourra encore être admise, exceptionnellement, s'il y a un *commencement de preuve par écrit*, émanant du prétendu père, ET s'il existe, en faveur de l'enfant naturel, une *possession d'état*.

Tel est le projet de réforme que nous croyons devoir soumettre à l'appréciation de nos concitoyens. Peut-être nous abusons-nous? Il nous semble cependant que si ce nouvel article 340 figurait dans le code civil, notre législation ferait un nouveau pas vers la justice et le progrès.

En parlant de l'unique exception admise par l'article 340, en cas d'*enlèvement*, le législateur de 1803 disait :

« On se portera moins facilement à ce genre de crime, et on en subira la peine la plus naturelle, *si l'on peut appeler ainsi l'accomplissement des devoirs d'un père.* »

Nous dirons, nous, aux législateurs à venir : Complétez ce qui est incomplet ; achevez l'œuvre de vos devanciers ; maintenez le principe qu'ils ont édicté jadis, et faites une exception à la règle, non seulement en cas de rapt, mais en cas de viol et de *séduction*, lorsque le fait de la paternité est entouré de certaines circonstances, qui forment des présomptions graves, précises et concordantes,

Aujourd'hui , les séducteurs deviennent de plus en plus nombreux ; ils causent dans la société de véritables ravages ; eh bien ! ils seront moins portés à corrompre les jeunes filles, et, s'ils les corrompent, « ils en subiront la peine la plus *naturelle*, » le jour où ils se verront forcés de supporter les charges de l'amour et d'accomplir les devoirs de la paternité !

IV

OBJECTIONS

---

§ 1.

LOI PÉNALE.

Objections et réponses. — La loi pénale n'empêchera pas le libertinage et les drames domestiques. — La séduction est l'accord de deux volontés *également* libres. — On ne peut reconnaître l'agresseur ! — La fille séduite a *consenti* ! — Les mineures de 15 à 21 ans sont nubiles. — La loi doit respecter la vie privée. — Les filles vraiment honnêtes n'oseront pas se plaindre. — Les filles malhonnêtes feront du *chantage*.

Le sujet que nous venons de traiter ne laisse pas d'être délicat : la répression des faits de séduction et l'admission — dans certains cas — de la recherche de la paternité peuvent, assurément, offrir quelques difficultés. Les contradicteurs, impartiaux ou intéressés, ne nous manqueront pas ;

ils critiqueront, sans aucun doute, notre double projet de réforme législative.

Ces critiques sont faciles à prévoir, — faciles aussi à réfuter; nous nous empressons donc de répondre succinctement aux principales *objections* qui peuvent nous être adressées.

I. — On dit : A quoi bon punir la séduction ? Aucune législation pénale n'arrêtera le libertinage et n'empêchera les drames domestiques. Il y aura des affaires Marambat « aussi longtemps qu'il y aura des séducteurs trop *peu scrupuleux* et des pères d'un tempérament *trop sanguin*. » (1)

— Certes, nous n'avons pas la prétention de soutenir qu'il suffit d'ajouter un article au code pénal pour faire de la France un Eden, où la vertu sera partout florissante et où les passions humaines seront anéanties ! Il y aura toujours des séducteurs, comme il y aura toujours des voleurs et des meurtriers. Le monde n'est point parfait. Mais le rôle du législateur est précisément de favoriser le bien en réprimant le mal; or, il est certain que l'impunité absolue des séducteurs doit fatalement encourager le mal et multiplier le nombre des séductions. Le législateur doit donc sortir de son silence et condamner de vrais coupables. La loi pénale, quoi qu'on en dise, a toujours un effet *préventif*; et

(1) *Revue des Deux-Mondes,* nº du 1ᵉʳ décembre 1878.

nous sommes intimement persuadé que le jour où le Code frappera de peines correctionnelles la séduction des filles mineures, les hommes en général seront beaucoup plus circonspects et beaucoup plus « scrupuleux » à l'égard de la jeunesse. Par suite, la corruption sociale, au lieu d'augmenter chaque année, — comme nous l'avons vu, — tendra plutôt à diminuer.

S'il se trouve encore, ici et là, — ce qui est fort possible, — un libertin « peu scrupuleux » et un père « trop sanguin, » jaloux de tuer le séducteur de sa fille, ce père homicide aura doublement tort de se faire justice lui-même. Alors, il ne pourra invoquer aucune excuse légitime ; son défenseur ne pourra plus s'écrier : « Cet homme a eu raison d'être meurtrier ! Il a vengé lui-même l'honneur de sa fille, puisque la loi ne le protégeait pas ! » Et le jury, voyant que les séducteurs peuvent être légalement atteints par des juges, n'acquittera plus les pères qui se feront justice à coups de poignard !

*
**

II. — Mais, dit-on, le législateur n'a pas le droit de punir la séduction. La séduction n'est pas un délit, c'est l'accord de deux volontés *également* libres.

— Cette banale objection n'a, ce nous semble,

aucune importance. D'abord, en principe, il est injuste de placer ici l'homme et la femme sur le pied de l'*égalité* : il y a entre eux des inégalités naturelles que nul ne peut contester. Les aptitudes physiques, intellectuelles et morales établissent un contraste frappant entre les deux sexes; et c'est précisément de ce contraste qu'est née la différence des droits et des devoirs. L'homme est naturellement disposé à l'attaque, la femme à la résistance. L'homme participe seulement aux plaisirs de l'amour; la femme en supporte toutes les charges, toutes les conséquences matérielles. L'homme est fort, hardi, entreprenant; la femme est faible, timide, réservée. L'homme, toujours mêlé aux luttes de la vie, a plus de liberté, plus d'expérience; la femme, toujours occupée des paisibles travaux de l'intérieur, a des connaissances moins étendues. C'est pour cela que, dans la société conjugale, le législateur a placé la femme sous la « *protection* » naturelle de son mari. L'homme est plus robuste et plus puissant; il doit être le chef de la famille. Mais son *droit* marital a pour corrélatif un *devoir* : il doit « protéger » sa compagne.

Eh bien ! il doit en être de même, à notre avis, dans la société civile ou politique : la loi doit placer les femmes sous la protection des citoyens et des magistrats. Lorsqu'un homme, loin d'accomplir ce devoir social, abuse de son initiative, de son énergie, de son influence pour *attaquer* une femme, une jeune fille surtout, et causer sa chute, il est coupable et, partant, il doit être *responsable* de sa faute devant la justice.

Si l'on soutient, comme nos contradicteurs, que la loi ne doit pas protéger la *faiblesse* des jeunes filles contre la *force* des séducteurs, il faut alors renverser l'ordre naturel des choses ! Il faut décréter à l'avenir que l'homme est le sexe faible ! Il faut déclarer que les filles mineures n'ont pas besoin de protection ! Mais le bon sens paraît condamner une pareille aberration ; et la raison nous dit que la suprématie accordée à l'homme, par la nature et par la loi civile, doit avoir pour corollaire la responsabilité en matière de séduction. Oui, tout séducteur doit être responsable de ses actes, — alors surtout qu'il s'agit, comme dans notre projet de réforme, de la séduction *frauduleuse* d'une jeune fille *mineure* !

*
* *

III. — On dit que la séduction est un « combat» où il est impossible de reconnaître « l'agresseur » et où « le vainqueur et le vaincu sont moins ennemis que complices. »

— Eh quoi ! lorsqu'il s'agit de la séduction d'une jeune fille honnête, et non d'une courtisane ; lorsqu'il s'agit surtout de la séduction d'une fille

mineure, on ne peut reconnaître l'agresseur ! Mais
n'est-ce pas toujours l'homme qui attaque ? Est-ce
que les jeunes filles chastes et pures ont l'habitude de provoquer les hommes et de leur offrir
leur virginité ? Est-ce que ce n'est pas l'homme,
au contraire, qui a coutume de commencer le
combat ? Est-ce que ce n'est pas lui qui est l'agresseur, lui qui est poussé par l'ardeur des sens, lui
qui a moins de pudeur instinctive, lui qui n'a
point de risques à courir ? Est-ce qu'il n'est pas, au
contraire, dans la nature et dans le rôle de la
jeune fille de résister toujours ? Est-ce que, d'ordinaire, elle ne résiste pas durant des semaines et
des mois ? Est-ce que la séduction — qui, d'ailleurs, ne peut s'appliquer à une fille complaisante,
— ne consiste pas précisément à vaincre cette vertueuse *résistance*, par toute espèce de manœuvres
et d'artifices coupables ?...

Non ! Un tel argument n'est pas sérieux, — et
nous sommes vraiment surpris de le rencontrer
dans l'*Exposé des motifs* de notre code pénal ! Quoi
qu'en ait dit M. Monseignat, en 1810, nous pouvons poser en principe que, lorsqu'il s'agit de la
séduction d'une jeune fille *mineure*, c'est toujours
l'homme qui est « l'agresseur, » — par conséquent l'auteur principal de la faute ; et la jeune
fille abusée, compromise, déshonorée par un libertin, est bien plutôt victime que « complice. »

Voilà la règle générale ! et si l'on rencontre,

par exception, — ce que nous ne voulons contester — quelques demoiselles naturellement vicieuses, s'il y a, par hasard, des *séductrices* de seize ans, capables d'attaquer et de débaucher les hommes, est-ce une raison pour « abandonner » *toutes* les jeunes filles mineures aux embûches et aux roueries des séducteurs? Nous ne le pensons pas.

Du reste, ne peut-on pas dire ici ce que le législateur de 1863 disait, à propos des attentats à la pudeur : Si quelques exceptions se rencontraient, quel inconvénient sérieux y aurait-il à prémunir une mineure contre ses propres entraînements et à la préserver d'une dégradation précoce ?

*
* *

IV. — Lorsqu'il s'agit de réprimer la séduction, on s'écrie de tous côtés : « Mais la fille séduite a *consenti* ! Elle ne peut se plaindre ; il n'y a pas là de délit. »

— Cette objection paraît plus sérieuse ; mais il est aisé d'y répondre. D'abord, dans le projet de réforme que nous avons esquissé, il ne s'agit pas de punir la fornication, — la loi n'a point à s'occuper de ce rapprochement spontané, — il s'agit de punir la séduction. Or, quand il y a *séduction*, il n'y a pas un abandon absolument volontaire. La personne séduite ne voulait pas, à l'origine, s'abandonner ; elle résistait, et le séducteur, comme nous le disions plus haut, a cherché précisément à vaincre cette *résistance*. La fille qui finit par succomber, cède à des obsessions réitérées, à une contrainte morale, — parfois même elle fléchit devant une manière de contrainte physique, voisine de la violence — et souvent, c'est de guerre lasse qu'elle capitule !

La personne séduite ne songeait pas à l'être ; elle est toujours, — selon le mot de M. Guizot, — « la *dupe* ou la *victime* du séducteur. » — « Souvent la personne séduite est indignée contre son séducteur ; elle a fait, comme sans le savoir, le mal qu'elle haïssait et qu'elle hait encore (1). »

Elle a consenti, c'est vrai ! mais pourquoi ? Parce qu'un homme lui a fait subir une *violence morale* ; parce qu'un homme a triomphé de sa faiblesse ; parce qu'un homme l'a abusée par des promesses mensongères ; parce qu'un homme l'a trompée par des manœuvres dolosives. En un mot, elle a consenti parce que le séducteur a arraché son consentement !

Elle a bien *consenti* à signer, la personne à qui l'on a extorqué une signature ; mais elle a consenti, malgré elle, parce qu'on lui a fait subir une violence, une menace, une contrainte, et l'extorsion de *signature* est un crime, aux yeux de la loi !

<hr/>

(1) Guizot, *Dictionnaire des synonymes français*.

Elle a bien *consenti* à livrer de l'argent ou des billets, la personne qui a été victime d'un escroc ; mais elle a consenti parce qu'elle a été trompée par des manœuvres frauduleuses, par des promesses chimériques ; et l'escroquerie est un délit !

Il a bien *consenti*, le mineur qui a souscrit des obligations, à son préjudice, et au profit d'un fripon ; mais s'il a consenti, c'est parce qu'on a abusé de sa crédulité, de sa faiblesse, de son inexpérience ; et l'abus de confiance est un délit !

Or, aujourd'hui, que demandons-nous ? Nous demandons qu'à l'avenir la loi frappe d'une peine correctionnelle le séducteur qui, à l'aide de violence morale, de contrainte, de manœuvres frauduleuses et d'abus de confiance, arrache le *consentement* d'une jeune fille *mineure*.

Puisque déjà le législateur a pris soin de protéger les mineurs, en punissant (art. 406) tout individu qui abuse de leurs « besoins, » de leurs « faiblesses » ou de leurs « passions, » pour leur faire souscrire tel ou tel engagement préjudiciable, il est juste et rationnel, croyons-nous, de demander que la loi punisse aussi, et à plus forte raison, tout homme qui abuse des faiblesses et des passions d'une *fille* encore *mineure* pour lui faire commettre un des actes les plus graves qui soient au monde !

Au surplus, le législateur a déjà puni spécialement les personnes qui ont l'habitude d'exciter les mineures à la débauche (1) et, lors même que ces mineures *consentent* à être corrompues, lors même qu'elles *veulent* se livrer à la débauche, la loi atteint quand même, et avec raison, le proxénète qui les corrompt !

Ce n'est pas tout : l'article 334, nous le savons, atteint l'entremetteur qui livre des jeunes filles à prix d'or, et non le débauché qui souille directement une mineure, pour satisfaire ses passions personnelles. Mais, actuellement, est-ce que le libertin qui a l'*habitude* de s'adresser à l'entremetteur ne peut pas être puni comme *complice* ? — La question s'est posée devant les tribunaux, et il a été décidé, il y a quelques années, « que celui qui a l'habitude de faire appel à l'intervention d'un tiers pour corrompre de jeunes mineures et arriver ainsi à satisfaire son libertinage, se rend coupable de l'attentat aux mœurs dont l'agent intermédiaire de corruption par lui employé est l'auteur principal (2). »

Cette jurisprudence, consacrée à diverses reprises par la Cour de cassation, se fonde sur les

(1) L'article 334 du Code pénal protège les mineurs des deux sexes ; or, si la loi protège même les garçons, contre les menées des souteneurs et des proxénètes, elle peut et doit, *à fortiori*, selon nous, protéger les filles mineures contre les obscènes manœuvres des séducteurs !

(2) Cassation, 10 novembre 1860 (D. 1860. 1. 515).— Cassation, 13 février 1863 (D. 1863. 1. 204).

règles ordinaires du droit, en matière de *complicité*, et notamment sur l'article 60 du code pénal (1).

Si donc la loi atteint déjà les individus qui font métier de corrompre les jeunes filles *mineures* et ceux qui ont l'habitude de profiter, comme complices, de cette corruption, il nous semble que l'on peut, comme nous le faisons, demander au législateur de compléter son œuvre de répression, en frappant d'une peine correctionnelle le séducteur qui, — sans avoir recours à un entremetteur — abuse directement de l'inexpérience d'une fille mineure, la corrompt, la compromet et la séduit, uniquement pour satisfaire un cynique libertinage !

* * *

V. — Quelqu'un nous dit : Les filles mineures, âgées de quinze à vingt-et-un ans, sont nubiles, aux yeux de la loi ; elles peuvent contracter ma-

(1) Art. 60. — « Seront punis comme *complices* d'une action qualifiée crime ou délit, ceux qui par dons, promesses, menaces, abus d'autorité ou de pouvoir, *machinations* ou *artifices* coupables, auront provoqué à cette action ou donné des *instructions pour la commettre* ; — ceux qui auront procuré des armes, des instruments, ou *tout autre moyen* qui aura servi à l'action, sachant qu'ils devaient y servir ; — ceux qui auront, avec connaissance, aidé ou assisté l'auteur ou les auteurs de l'action, dans les faits qui l'auront *préparée* ou *facilitée*, ou dans ceux qui l'auront *consommée*. »

riage, par conséquent elles sont à même de don
ner un libre consentement à un séducteur.

— Nous ferons observer d'abord que cette objection ne détruit en rien ce que nous venons de dire,
relativement à l'excitation des mineurs à la débauche ; bien que les jeunes filles débauchées
soient *nubiles,* la loi frappe toujours le proxénète
qui les prostitue.

Et nous ajouterons, pour répondre plus directement à l'objection, qu'aux termes de l'article 148
du Code civil, les filles qui n'ont pas atteint l'âge
de vingt-et-un ans accomplis, ne peuvent contracter
mariage *sans le consentement de leurs père et mère.*
Si leurs parents ne veulent point consentir au mariage, elles n'ont pas le droit de faire des « actes
respectueux, » *elles ne peuvent pas se marier.* Pourquoi ? Parce que la loi suppose précisément que
les jeunes filles mineures, quoique nubiles physi-
quement, n'ont pas assez d'expérience pour donner un consentement éclairé. — A quinze ans, a
dit le législateur, les filles seront habiles à contracter mariage, mais leur volonté ne sera pas
encore reconnue suffisante pour donner « un plein
et libre consentement (1). »

Si donc une jeune fille de seize ou dix-sept ans
n'est pas légalement capable de choisir seule son
époux légitime et de se marier, contre la volonté

(1) Discours du tribun Boutteville, au Corps Législatif.

de ses parents, on ne doit pas accorder une grande valeur juridique au *consentement* furtif, qui a pu être donné à un libertin par cette enfant mineure. La loi, *à fortiori*, ne doit pas présumer que cette jeune fille a donné, dans cette circonstance, à l'insu de ses père et mère, « un plein et libre consentement ! »

Du reste, nous ferons remarquer à nos contradicteurs que l'article de loi par nous proposé n'atteint pas tout *commerce illicite* avec une fille mineure, mais seulement la *séduction frauduleuse*, qui fait supposer que le consentement de la mineure a été surpris ou arraché par des promesses mensongères ou des manœuvres coupables.

Si, malgré cette observation, quelques célibataires ou quelques débauchés protestaient encore contre nos exigences et trouvaient importune cette menace du Code pénal, nous ne ferions pas grand cas de ces égoïstes protestations ; nous serions sûr d'être approuvé par tous les pères, par toutes les mères qui ont des filles à élever, et s'il nous fallait une approbation, celle-là certes nous suffirait !

* *
*

VI. — On dit que la séduction personnelle et directe « doit rester impunie, » parce qu'il y a là une immoralité que la pénalité sociale ne doit pas atteindre. « La loi pénale n'*empiète* pas sur ce qui n'est pas de son domaine et doit *laisser faire* ce qu'elle ne peut empêcher sans compromettre les intérêts sociaux et la moralité publique (1). » On ajoute que de pareilles poursuites, mettant à nu la « vie privée, » donneraient lieu à de scandaleuses révélations.

— Oui, il est un genre de libertinage qui « doit rester impuni, » c'est la fornication, c'est le concubinage volontaire ; c'est la lubricité clandestine qui se passe, à huis clos, entre personnes entièrement libres de disposer d'elles-mêmes. Oui, il y a là une immoralité sur laquelle le législateur doit fermer les yeux. Mais quand il s'agit d'une séduction frauduleuse ; quand il s'agit de protéger une jeune fille *mineure* contre les abus de confiance et les perfides manœuvres des libertins, le législateur « n'*empiète* pas sur ce qui n'est pas de son domaine, » il reste, au contraire, sur le terrain d'une légitime répression. — Si la loi française, suivant les avis de M. Bertauld, « laisse faire » plus longtemps ce que font les séducteurs ; si elle laisse impunément corrompre toute la jeunesse, nous nous demandons si ce n'est pas la loi elle-même qui, par son inertie, « compromettra les *intérêts sociaux* et la *moralité publique !* »

On redoute de scandaleux procès mettant à

(1) M. Bertauld. — *Revue critique de Législation*, t. 21, p. 8.

découvert les mystères de la vie privée ! Mais d'abord est-ce que, de nos jours, la vie domestique est absolument secrète ? Est-ce que les mœurs intimes ne se font pas jour au dehors ? Est-ce que l'opinion publique ne sait pas distinguer les personnes qui ont des mœurs pures d'avec celles qui ont des mœurs dissolues ? Est-ce qu'on ne connaît pas, en somme, la plupart des scandales qui éclatent dans les familles, sous le toit domestique ?

Et, d'ailleurs, est-ce que la « liberté individuelle » n'a pas ses limites ? Est-ce que, sous prétexte de liberté, on a le droit de tromper les gens et de faire des dupes ? Lorsque le législateur peut reconnaître un coupable et une victime, — comme en matière de séduction frauduleuse ou dolosive, — est-ce qu'il ne doit pas pas rechercher le coupable et le punir ? Est-ce que, dans mille espèces différentes (viols, attentats à la pudeur, avortements, infanticides, excitation à la débauche, adultères, séparations de corps, etc...), les tribunaux ne sont pas journellement obligés de soulever le voile qui cache — plus ou moins — les mœurs individuelles, et de faire, avec justice, des révélations indispensables ?

D'autre part, est-ce que dans les affaires délicates, la justice ne prend pas de sages précautions? Est-ce que les magistrats n'ordonnent pas « le huis-clos, » pour soustraire au public des détails scandaleux qu'il n'a pas besoin de connaître ?

Du reste, s'il est désagréable aux individus qui séduisent des *mineures,* de passer sur la sellette correctionnelle et d'y étaler leurs turpitudes, tant pis pour eux ! Nous ne saurions les plaindre. Les hommes ont un moyen bien simple d'éviter semblables désagréments : c'est de se bien conduire, c'est de respecter les femmes, — et surtout les mineures !

S'il y a une personne à plaindre ici, au milieu de ce scandale, c'est la jeune fille séduite ; car, si, après avoir été détournée de ses devoirs, elle devient enceinte, — et c'est l'ordinaire, — elle est bien forcée, elle, d'afficher sa conduite aux yeux de tous ! Elle est bien forcée de dévoiler sa honte, elle qui pourtant désirait rester dans le chemin de l'honneur, elle qui résistait, elle qui ne voulait point *consentir !...* Eh bien, si cette pauvre enfant est publiquement déshonorée, pourquoi donc, s'il vous plaît, aurait-on des égards pour « la vie privée » d'un damoiseau qui est la cause directe de cette chute et de ce déshonneur ?

⁎⁎⁎

VII. — On prétend qu'une jeune fille vraiment honnête, qui aura eu tort de se laisser séduire, ne voudra pas se plaindre et hésitera à publier son déshonneur dans une salle d'audience !

— Oui, si la faute est ignorée, la jeune fille,

conservant encore ses sentiments de pudeur, sera
portée à garder le silence, — et elle aura raison !
Mais s'il y a déjà eu scandale ; s'il y a eu flagrant
délit ; s'il y a eu grossesse ; si la victime a été
publiquement compromise par les indiscrètes fan-
faronnades de son séducteur — ce qui n'est pas
rare — elle pourra avoir intérêt à se plaindre et à
se placer sous l'égide des magistrats. — Se sentant appuyée par le ministère public, sachant que
la loi frappera l'homme qui l'a trahie, voyant
qu'elle pourra trouver quelque appui, cette malheureuse fille sera moins portée à attenter à ses
ses jours ou à ceux de son enfant !

Aussi bien, nous ferons observer à nos contradicteurs que, dans le projet de réforme que nous
venons de soumettre au public, nous avons laissé
la jeune fille séduite libre de se plaindre ou de
garder le silence. C'est seulement sur sa *plainte*
directe, — sur la plainte de ses parents ou tuteurs,
— que l'action publique serait mise en jeu. Ici,
comme en matière d'adultère ou d'injure, la personne offensée aurait la faculté de pardonner l'outrage ou d'en demander la répression.

***

VIII. — Enfin, on répète à l'envi que « les
procès de séduction ne peuvent revivre, » parce
que les filles malhonnêtes feront du « chantage, »

et spéculeront sur l'honneur des hommes irréprochables !

— Mon Dieu ! au point où nous en sommes, il
est inutile d'insister sur cette vulgaire objection.
Les procès de séduction ne peuvent revivre ! dit-
on. — Est-ce que, par hasard, nous demandons
la résurrection de l'ancienne loi française ? Est-ce
que nous demandons un retour pur et simple aux
abus de l'ancien régime ? En aucune façon ! Nous
ne demandons pas aux membres du Parquet d'accueillir les demandes de toutes les *filles*, de toutes
les courtisanes, de toutes les intrigantes qui pré-
tendraient être victimes d'une séduction, mais de
recevoir seulement les plaintes faites au nom de
jeunes filles *mineures*, vraiment dignes d'intérêt.
Et, certes, nous avons trop de confiance dans la
perspicacité et dans les lumières des magistrats,
pour croire que d'aucuns accueilleraient ces
plaintes, sans éléments de décision, sans preuves
sérieuses, et favoriseraient ainsi des spéculations
interlopes !

Au surplus, il ne faut point oublier que déjà,
aux termes de l'article 373 du Code pénal, la *dé-
nonciation calomnieuse* est un délit, et que nous
proposons de punir, plus spécialement encore, les
personnes qui, en matière de séduction, dirige-
raient des imputations calomnieuses contre des
hommes honorables.

Nous pensons donc que si, à l'avenir, la loi considérait comme un délit la séduction *frauduleuse* des jeunes filles *mineures*, ce délit, strictement spécifié et circonscrit, n'engendrerait pas les abus que devaient forcément amener les règles élastiques et imprudentes de notre ancienne législation.

Sans doute, la preuve du délit ne sera pas toujours palpable, évidente, manifeste ; mais c'est le droit commun : il en est ainsi en toute matière, — et particulièrement en matière d'adultère, d'attentat à la pudeur sans violence, d'excitation à la débauche, d'infanticide et d'avortement ! Est-ce là une raison pour laisser impunis tous ces actes criminels ? Non. Lorsque les faits ne paraissent pas suffisamment établis, l'affaire n'est pas « poursuivie, » ou bien, si elle est poursuivie, les magistrats ou les jurés font comme le sage : dans le doute, ils s'abstiennent de condamner. Voilà tout ! Mais, lors même que, dans tous les cas de séduction, il n'y aurait pas des preuves irréfragables, — un flagrant délit, par exemple, ou bien des déclarations, des aveux, des billets et des lettres du séducteur, — ce n'est pas, selon nous, un motif pour s'abstenir de promulguer une loi d'intérêt général, qui serait marquée au coin de la justice et de la moralité !

§ 2.

LOI CIVILE

Objections et réponses. — L'action civile contre le séducteur deviendra une source d'oppression pour les riches. — La recherche de la paternité ramènera les abus d'autrefois. — La certitude est impossible. — On ne peut admettre ici des *présomptions légales*. — Une objection de Zachariœ.

Le projet de réforme que nous avons tracé, au sujet de la loi civile, peut faire naître aussi certaines objections. Ces objections, les voici :

I. — On prétend que si la loi donne positivement aux filles séduites le droit de réclamer des dommages-intérêts à leurs séducteurs, elle exposera beaucoup d'hommes honorables, — les riches particulièrement — à une foule de réclamations injustes.

— Nous ne voulons point revenir sur tout ce que nous avons dit, à ce propos, dans le cours de cet ouvrage. Nous rappellerons seulement ce que M. Ancelot répondait, avec raison, à M. Bertauld (page 102). Ce ne sont pas des filles « tombées au

dernier degré d'abjection » qui rencontreront les
« sympathies » de la magistrature française. Les
juges ont trop de sagacité pour ne pas faire une
différence entre les spéculations des intrigantes et
les demandes des malheureuses qu'un séducteur
a plongées dans la détresse ! Ils sauront bien rejeter les unes et accueillir les autres. — Nous n'en
voulons pour preuve que l'expérience faite tout
récemment. Ces dernières années, on s'en souvient, nos tribunaux ont jugé plusieurs « procès
de séduction. » Qu'en est-il résulté ? « Les plus
chers intérêts de la société » ont-ils été « compromis ? » Non. La « conscience publique » a-t-elle
été troublée ? Non. Les riches ont-ils été opprimés ?
Pas davantage ! Les tribunaux, se basant sur des
preuves péremptoires, et notamment sur des aveux,
des lettres, des engagements, ont fait subir à
quelques séducteurs la responsabilité de leur faute;
ils ont condamné des coupables à indemniser,
dans une certaine mesure, de pauvres filles —
paysannes ou ouvrières — qui avaient été lésées,
compromises et déshonorées par le fait de ces su-
borneurs. C'était justice ! Nous trouvons même
que les tribunaux français pourraient se montrer
encore plus larges, lorsqu'ils accordent ces in-
demnités.— Car enfin, dans notre état social, les
hommes ont déjà maints avantages : ils ont, pour
travailler, nombre de moyens que les femmes n'ont
pas ; ils occupent toutes les positions lucratives

et influentes ; ils ont mille manières de s'enri-
chir et de se distraire ; et puisque, naturellement,
ils n'ont pas à subir, comme les femmes, toutes
les conséquences physiques ou morales de la séduction, c'est bien le moins qu'ils en aient la *responsabilité pécuniaire !* C'est bien le moins qu'eux,
les fortunés de ce monde, donnent des secours
efficaces aux pauvres filles qu'ils ont perdues et
aux malheureux enfants qu'ils ont appelés à la
vie !

* *
*

II. — On nous dit, à une autre point de vue :
Mais si vous admettez la *recherche de la paternité,*
vous allez ramener en France tous les anciens
abus. Comme au temps de l'avocat-général Servan, on verra de « jeunes débauchées se faire un
jeu de rejeter le fruit de leurs vices sur des hommes irréprochables ! »

— Mais, encore une fois, il ne s'agit point de rétablir l'ancienne loi qui admettait, en thèse générale, la recherche de la paternité et qui se basait
sur cet adage légendaire : *creditur virgini parturienti !* L'avocat-général Servan avait raison de s'é-
lever contre cette maxime et contre ses déplorables
conséquences ; il eût eu également raison de s'élever contre la coutume qui admettait, sans res-
triction, la recherche de la paternité.

Dans le système que nous nous sommes permis

de proposer, la déclaration faite par la mère, —
même au moment de ses couches — n'aurait, bien
entendu, par elle-même, aucune espèce de poids.
De plus, la loi interdirait toujours, en principe,
la recherche de la paternité.

Seulement, l'article 340 du Code civil, au lieu
d'admettre, comme aujourd'hui une *seule* exception au principe, en admettrait plusieurs.

Dans ces circonstances, et ainsi limitée, la recherche de la paternité ne pourrait donner lieu
aux abus révoltants et aux odieuses spéculations
du temps jadis.

En effet, contre qui désormais pourrait-on recourir ? Est-ce contre le *premier homme venu* que
l'on daignerait *choisir* ? Non, certes ! Ce serait :

1° Contre l'homme qui aurait *enlevé* une fille et
qui verrait naître un enfant neuf mois environ
après l'enlèvement ! — Serait-ce un homme irréprochable ?

2° Contre l'homme qui aurait *violé* une femme,
et qui verrait naître un enfant neuf mois après ce
viol ! — Serait-ce un homme irréprochable ?

3° Contre l'homme qui aurait *séduit frauduleusement* une jeune fille *mineure* et qui verrait naître
un enfant neuf mois après les faits de séduction !
— Serait-ce un homme irréprochable ?

4° Contre l'homme qui, dans des billets, dans
des lettres écrites à une époque voisine de la
conception ou de l'accouchement, se serait consi-

déré comme père de l'enfant ET qui aurait traité,
pendant un certain temps, ce nouveau-né comme
son enfant naturel ! — Serait-ce le premier homme
venu ?

Voyons ! la main sur la conscience, quand un
homme se trouvera dans l'un ou l'autre de ces cas,
ne sera-ce pas avec raison, avec justice, que l'enfant *pourra* recourir contre lui et lui demander
l'accomplissement naturel des devoirs de paternité?
Est-ce que les gens honorables, les hommes sans
tache et sans reproches ne seront pas à l'abri de
tout soupçon, de toute poursuite ?

* *

III. — On insiste, et l'on dit que le fait de la
paternité est fort incertain ; que le doute est toujours permis, et qu'il est impossible d'*obliger* un
homme à reconnaître ou à élever un enfant, malgré lui.

— Peut-être nous trompons-nous, mais, franche-
ment, il nous semble que, dans les deux premiers
cas, — *enlèvement* et *viol*, — lorsque la naissance de l'enfant a lieu environ neuf mois après le
crime, la présomption légale est tellement forte
qu'elle équivaut à la certitude.

Dans le troisième cas, — en cas de *séduction
frauduleuse*, — la présomption légale peut paraître
moins forte, de prime abord ; mais réfléchissez :

lorsqu'il sera dûment constaté qu'un homme a séduit une jeune fille *mineure*, par des moyens délictueux, on pourra être moralement certain que cette jeune fille, à peine adolescente, était honnête au moment de la séduction ; car, on n'a pas besoin de *séduire* les filles complaisantes, et jamais, croyons-nous, on n'emploie des manœuvres frauduleuses pour posséder une fille publique ! En conséquence, si un homme séduit frauduleusement une jeune fille honnête, et si un enfant vient au monde neuf mois après, la *présomption légale* sera bien voisine de la certitude ! Et si ce séducteur n'a pas de moyens de défense valables (car il aura toujours le droit de se défendre), s'il ne peut établir, par exemple, d'une manière positive, qu'à l'époque de la conception, la jeune fille par lui séduite fréquentait d'autres amants, — cet homme *pourra*, ce nous semble, être justement déclaré père de l'enfant et, par suite, être obligé de le secourir.

Dans le quatrième cas, ci-dessus spécifié, la présomption légale sera plus forte encore ! Car, l'homme contre lequel la paternité sera « recherchée, » aura *lui-même* déclaré qu'il était auteur de la grossesse ; il se sera considéré comme le père de l'enfant ; il aura, — soit à l'époque de la conception, soit à l'époque de l'accouchement, — fait cette déclaration dans des lettres, dans des actes sous-seing privé ; il aura lui-même, dans un billet ou dans tel autre écrit, pris l'*engagement* formel de subvenir à l'entretien et à l'éducation du nouveau-né ; — ce n'est pas tout encore : cet homme aura déjà donné un *commencement d'exécution* à cet engagement : il aura payé les frais de couches et les mois de nourrice ; il aura, pendant deux ou trois ans, traité l'enfant comme sien !... Si, dominé plus tard par l'indifférence, emporté par le tourbillon de la vie, il abandonne celui qu'il a commencé à élever, l'enfant doit, selon nous, avoir la faculté de « rechercher » l'individu qui s'était LUI-MÊME considéré comme un père, et le droit de forcer cet homme à exécuter encore l'obligation naturelle qu'il avait spontanément contractée !

*
* *

IV. — Mais, s'écrie-t-on, il n'y a dans tout ceci qu'une présomption, et cette présomption, quoique légale, sera dangereuse, car elle pourra donner lieu à des erreurs, à des abus !

— Mon Dieu ! on peut abuser de tout en ce monde. Les meilleures lois, comme les meilleures choses, peuvent donner *indirectement* naissance à des abus ; et, assurément, les députés ne voteraient aucune loi, s'ils s'arrêtaient devant la crainte de voir Monsieur X ou Monsieur Z accusé par erreur !... *Errare humanum est.* — Le législateur, dans les hautes sphères où il se meut, doit embrasser d'un coup d'œil les intérêts généraux, et

ne doit pas s'occuper de quelques méprises individuelles, imputables souvent à la faiblesse humaine.
Or, le législateur, agissant au point de vue de l'intérêt public et de la sécurité sociale, a eu maintes
fois l'occasion d'établir des *présomptions légales*, —
contre lesquelles les particuliers peuvent se défendre, sans aucun doute, — mais qui, jusqu'à preuve
contraire, font tenir un fait pour constant.

En voici un exemple, qui a un rapport étroit
avec la question dont il s'agit en ce moment :

Tout le monde connaît la maxime romaine :
Pater is est quem justæ nuptiæ demonstrant, maxime
qui a été ainsi traduite dans l'article 312 du
Code civil : « L'enfant conçu pendant le mariage
a pour père le mari. » Sans cet axiôme juridique,
la famille et, avec elle, la société courraient grand
risque d'être bientôt dissoutes ! Et cependant
qu'est-ce autre chose qu'une présomption légale ?

Une femme mariée met au monde un enfant.
Quel est le père ? On nous accordera bien que,
d'ordinaire, c'est le mari. Dans beaucoup de cas,
grâce à Dieu ! tout le monde en est moralement
sûr. Mais dans d'autres ?... Est-ce qu'on peut avoir
une certitude absolue ? Non. La femme a pu commettre des infidélités ; elle a pu tout au moins
éveiller les soupçons ! Cependant, malgré ce doute,
le mari est bien tenu de traiter le rejeton comme
son enfant légitime ! Et il ne peut le *désavouer* que
dans des circonstances tout à fait exceptionnelles !
(Art. 313 et suiv.)

Eh bien ! lorsqu'un homme enlève ou viole une femme ; lorsqu'un homme séduit frauduleusement une jeune fille mineure, et lorsque cet enlèvement, ce viol ou cette séduction sont accompagnés de circonstances graves, précises et concordantes, — comme celles indiquées plus haut, — il doit y avoir, selon nous, une *présomption légale* tellement forte que, si le coupable ne peut sérieusement se défendre, il doit être déclaré père de l'enfant né neuf mois après la faute. L'acte de la génération est accompli, alors, dans de telles circonstances, que l'homme doit être légalement responsable de cet acte et de ses conséquences naturelles.

Enfin, lorsqu'un individu a pris le soin — comme dans notre quatrième hypothèse, — d'avouer *lui-même* sa paternité, le législateur doit, — selon nous, — établir une présomption légale plus puissante encore, et admettre, en pareil cas, la recherche exceptionnelle de la paternité !

⁎⁎

V. — On a fait enfin une objection assez originale. On a prétendu que si le législateur admettait la recherche de la paternité, il engagerait les femmes à se laisser séduire et favoriserait ainsi le libertinage !

Un jurisconsulte allemand, bien connu en

France, M. Zachariœ, s'est prononcé énergiquement contre la recherche de la paternité, et voici quelques-unes de ses raisons :

Selon ce professeur d'Heidelberg, on peut comparer toute femme nubile et non mariée à une forteresse. Continuant cette allemande comparaison, le juriste d'outre-Rhin prétend que les séducteurs, célibataires ou non, forment « l'armée de siége. » Les femmes tombent comme les forteresses, quand l'attaque est bien dirigée — ou quand la résistance est faible. Or, les femmes se rendent-elles, ordinairement, à cause de la vigueur de *l'attaque* ou à cause de la faiblesse de la *défense* ? M. Zachariœ se prononce résolûment pour la seconde hypothèse. Selon lui, les femmes se défendent mal. « On a toute raison de croire, dit-il, que les citadelles féminines capitulent généralement faute d'une résistance assez énergique et assez prolongée. » Donc, pour les encourager à résister, il faut leur rendre terribles les conséquences de la capitulation ; il faut faire supporter à la femme, — et *à la femme seulement* — les suites fâcheuses de la séduction ! Si elle sait qu'elle aura *seule* la charge de l'enfant, elle n'osera plus capituler ! Voilà, d'après M. Zachariœ, pourquoi il faut interdire la recherche de la paternité !

— Cette comparaison des femmes et des forteresses — qui paraît empruntée plutôt aux ouvrages de M. de Moltke qu'au code de la galanterie — est assurément fort pittoresque ; mais elle n'est point judicieuse, et cette objection germanique ne nous touche guère.

Nous ne ferons point observer à nos lecteurs qu'il est cruel, qu'il est injuste de vouloir faire supporter, de parti pris, *à la femme seulement*, à la femme qui est la plus faible et souvent la plus pauvre, toutes les suites fâcheuses de la séduction et toutes les charges pécuniaires de la maternité. Cette observation tombe sous le sens, et pour la faire il suffit d'avoir du cœur !

Cela dit, occupons-nous plus particulièrement de l'argument stratégique de M. Zachariœ. — Cet argument ressemble à certaines balles : il retourne, par ricochet, contre celui qui l'a lancé. Le juriste allemand reconnaît — nous l'en félicitons — que dans le combat de la séduction, l'homme *attaque* presque toujours, et que la femme *résiste* d'abord, puis *capitule* ; et c'est en interdisant la recherche de la paternité que l'honorable professeur prétend empêcher la femme de capituler. — Au lieu de chercher le moyen d'éviter les capitulations, il nous paraît plus naturel, plus simple et plus logique de chercher d'abord à empêcher la *déclaration* de guerre. Empêcher l'attaque, protéger les faibles contre les forts, tout est là ! Or, la loi empêchera certainement l'homme de commencer, d'un cœur léger, les hostilités, si elle le rend responsable de ses *manœuvres* illicites ; et nous

sommes fermement convaincu que l'*attaque* serait moins fréquente, moins facile et moins forte,
si l'assaillant savait d'avance qu'après la victoire
il sera obligé de pensionner les « victimes de la
guerre, » et de supporter les charges de ses « conquêtes ! »

CONCLUSION

En résumé, lorsqu'il s'agit de protéger l'enfance, le Code contient des dispositions sévères : le législateur sévit, avec une juste rigueur, contre ces odieux attentats qui blessent la candeur angélique des enfants et souillent, d'une manière abjecte, leur naïve innocence.

Lorsqu'il s'agit de réprimer les abus de la violence physique, les excès de la force brutale, le législateur intervient encore avec une imposante énergie.

Mais lorsqu'il s'agit de mettre la vertu des adolescentes à l'abri des violences morales et de protéger contre les périls de la *séduction* l'inexpérience des jeunes filles mineures, la loi retire, avec indifférence, son palladium tutélaire.

S'agit-il, par exemple, de sauvegarder quelques

intérêts pécuniaires ? Oh ! alors le Code déploie
une prudence admirable ! Il prend les plus minu-
tieuses précautions ; il met les *mineurs* en tutelle ;
il les entoure d'un tuteur, d'un subrogé-tuteur,
d'un conseil de famille ! La loi les considère
comme INCAPABLES, — incapables de contracter, —
incapables d'administrer leurs biens, — incapables
d'emprunter, — incapables d'aliéner ou hypothé-
quer leurs immeubles, — incapables de disposer
par testament de toute leur fortune, — incapables
d'accepter une donation, — incapables, *à fortiori*,
de se défendre contre les ruses des filous !...

Si quelqu'un abuse de la « confiance » des « besoins, » des « faiblesses » ou des « passions » des
mineurs, pour leur faire souscrire, à leur préjudice, une quittance ou un billet, quel attentat,
grand Dieu ! et quel délit ! Vite le législateur s'a-
larme ; il punit d'un emprisonnement et d'une
amende l'audacieux fripon !

Mais quand il s'agit — non plus d'une quittance
ou d'un billet à ordre ! — mais de la vertu d'une
jeune fille mineure, le législateur ne dit mot et
consent à voir commettre impunément un tel
abus de confiance !... Il estime, dans sa sagesse,
que les mineures, - incapables d'accomplir l'acte
le plus vulgaire de la vie civile, — sont fort capables de garder toutes seules et de protéger elles-
mêmes ce trésor inappréciable qu'on appelle l'honneur ou la virginité. Ces mineures — doublement

faibles, à cause de leur sexe, à cause de leur âge,
— il les laisse agir sans lisières, il les abandonne
aux lubriques fourberies du sexe fort. Il laisse
les jeunes filles libres de se faire duper, tromper,
déshonorer par tous les escrocs du libertinage ; il
les livre, sans défense, à toutes les attaques des
séducteurs, et il tolère, en silence, tous ces coupables attentats !

Eh bien ! l'inertie des lois amène, d'ordinaire,
le relâchement des mœurs. L'indifférence du législateur, pour la vertu des jeunes filles, a porté des
fruits, — et ces fruits ne sont pas, hélas ! sans
amertume. Aux derniers siècles, la séduction
appartenait essentiellement aux mœurs de la Cour
et des seigneurs, — qui avaient même le *privilège*
de la débauche ! — Aujourd'hui, la séduction s'est
propagée, comme une maladie épidémique, dans
la masse de la nation. Partout la corruption se
manifeste : ici, c'est un riche libertin qui débauche
de jeunes ouvrières, pour satisfaire galement ses
« passions personnelles ; » là, c'est un maître qui
séduit sa servante et la renvoie quand elle est
grosse. Dans les manufactures, à Paris, à Lyon,
à Lille, quelques chefs d'industrie ne craignent
pas de séduire eux-mêmes leurs ouvrières (1) ; des
contre-maîtres chassent de l'atelier ou persécutent
journellement les jeunes filles qui ne veulent pas

(1) *Histoire morale des femmes*, p. 69.

se livrer à eux (1). Dans les campagnes, la conta-
gion se propage de proche en proche : tantôt c'est
un hobereau qui corrompt de jeunes paysannes
pour charmer ses loisirs champêtres ; tantôt c'est
un coq de village qui fait maintes victimes ; tantôt c'est un ancien soldat qui, au retour du champ
de Mars, enseigne dans les hameaux les exercices
de Vénus. Partout on voit des filles séduites et
abandonnées ! Et qu'en résulte-t-il ? Partout les
suicides sont plus fréquents ! Partout l'armée de
la prostitution augmente ses recrues et ses caser-
nes ! Partout les avortements et les infanticides
se multiplient ! Partout les naissances illégitimes
deviennent plus nombreuses ! Partout on recueille
des enfants trouvés ! Le désordre arrive à son
comble ; et c'est en face de ces horreurs sociales
que M. Legouvé a poussé un cri d'alarme : « Il
faut une loi contre la séduction ! »

Profondément pénétré de cette vérité, nous nous
sommes demandé quelle pourrait être cette loi.
Nous avons cherché à résoudre ce problème législatif. Avons-nous trouvé une juste solution ?
Avons-nous proposé une réforme rationnelle et
juridique ? Le public en sera juge, et le législateur
avisera.

(1) *Histoire morale des femmes*, p. 70.
On peut voir de nombreux détails sur la corruption des
jeunes ouvrières, dans l'ouvrage de M. Villermé : *Tableau
de l'état physique et moral des ouvriers.* (Notamment T. 1er, p. 56
et 203.)

Mais, de grâce, que nul ne se méprenne sur nos sentiments ! En faisant une campagne contre les séducteurs, en proposant de réprimer la séduction, nous n'avons pas voulu nous ériger en Caton et afficher ici un rigorisme déplacé ! — Non. Nous ne sommes pas un puritain ! Cependant, nous ne voulons point confondre l'amour et le libertinage ; l'amour se prouve par la constance, le dévoûment, l'abnégation, le sacrifice ; tandis que le caprice, l'insouciance, l'égoïsme et la lâcheté sont le propre du libertinage. — L'homme qui aime vraiment une femme, estime cette femme et la protège ; il la respecte et l'épouse, s'il le peut. Le libertin qui séduit une fille, la déshonore et la méprise ; souvent il la trahit et la délaisse, quand elle aperçoit les premiers signes de la maternité !

Aussi bien, quelle que soit l'indignation des moralistes à l'endroit du libertinage, nous sommes loin d'incriminer la simple *fornicatio* et de demander la répression pénale de tous les actes de la débauche ! Il y a là des faits qu'il faut abandonner à la conscience individuelle. Le législateur — nous en convenons — doit jeter un voile sur certaines immoralités et tolérer les « relations » volontaires, — alors surtout qu'elles sont entretenues avec des personnes majeures, qui doivent parfaitement savoir à quoi elles s'exposent.

Nous croyons seulement que si la pudeur de l'enfance mérite une énergique protection, la pureté de l'adolescence féminine est digne aussi d'être placée sous l'égide de la loi répressive.

On dit : MAXIMA *debetur puero reverentia*, et on considère comme crimes tous les attentats qui blessent la pudeur des enfants ; c'est bien ! mais nous ne nous arrêtons pas, nous, à cette rigueur superlative,—nous ajoutons : MAGNA *debetur virgini reverentia*, et nous proposons de punir comme délit l'acte qui flétrit l'honneur de la jeunesse, l'attentat qui corrompt l'innocence virginale et que nous avons appelé la « séduction frauduleuse » des jeunes filles mineures.

Ninon de Lenclos, — qui certainement n'était pas une prude, puisqu'elle était l'Aspasie du XVIIᵉ siècle, — a exprimé un sentiment bien vrai : « Rien de plus aimable qu'un homme séduisant, a-t-elle dit, mais rien de plus odieux qu'un *séducteur* ! » Au fond, quoi de plus infâme que la conduite d'un homme qui fait profession de séduire les jeunes filles honnêtes, qui les fascine avec perfidie, comme le serpent fascine les fauvettes, qui doucement leur inocule le venin de la débauche et qui lâchement les abandonne, après avoir empoisonné leur vie !

Or, si — d'après Ninon elle-même, — une telle séduction est un fait « odieux, » nous croyons rester dans une juste mesure en demandant que ce fait soit puni lorsqu'il atteint des jeunes filles *mineures.* Nous voyons dans cette répression, non-seulement un acte de justice, mais un acte de conservation sociale. Car, — chose digne de remarque ! — les jeunes filles qui marchent dans la voie du vice, sont presque toujours débauchées *avant leur majorité.* C'est précisément lorsqu'elles ont seize ou dix-huit ans qu'elles sont pourchassées par la meute des libertins ; c'est précisément à cette époque de leur jeunesse qu'elles sont obsédées, séduites et abusées par les Lovelaces du trottoir ; elles glissent ensuite sur la pente fatale où la séduction les a entraînées ; ce sont alors des filles « perdues ; » elles sont vouées, pour la plupart, au Minotaure de la débauche, à la prostitution !

Au contraire, lorsqu'une jeune fille reste vertueuse pendant qu'elle est mineure, lorsqu'elle franchit sans encombres le Rubicon de la majorité, elle a grandes chances de rester sage et de devenir une femme honnête. Car, lorsqu'elle a dépassé sa vingt et unième année, elle a plus de force de caractère, plus d'énergie, plus d'expérience ; elle comprend mieux les terribles conséquences de l'amour, — surtout quand ses parents ont eu la sagesse de l'avertir ; (1) elle sait mieux résister aux

(1) En France, beaucoup de pères et mères, affectant une fausse pudeur, une ridicule pruderie, ne parlent jamais à leurs filles de certaines réalités de la vie humaine ; c'est un grand tort ! Il convient assurément de ménager les oreilles ou l'imagination d'une enfant de dix ans ; mais lorsqu'une fille est nubile,

tentatives des débauchés ; elle est moins crédule ;
on abuse moins facilement de sa confiance ; elle
se laisse prendre moins aisément aux trompeuses
amorces des séducteurs ; elle a plutôt souci de l'a-
mour légitime ; elle veut se marier, elle se marie
et devient une bonne mère de famille, — au lieu
de devenir tristement une fille de joie !

Il faut donc protéger les jeunes filles, *pendant
qu'elles sont mineures*, en éloignant les séducteurs,
par la crainte d'un châtiment afflictif et la perspec-
tive d'une peine pécuniaire. Tel qui, aujourd'hui,
abuse de l'impunité et se rit de l'opinion publique,
deviendra demain beaucoup plus circonspect, s'il
comprend que ses « bonnes fortunes » se tradui-
ront judiciairement par la prison, l'amende et les
dommages-intérêts !

Mais là ne doit pas s'arrêter l'œuvre sociale du
législateur ; lorsqu'une séduction dolosive s'est
malheureusement accomplie, il ne suffit pas de
frapper le coupable, il faut en outre tendre la main
à l'être innocent qui naît au milieu de ces rapprochements éphémères ; l'enfant a besoin d'aide et
de protection ; il demande du secours ; et il faut
le sauver, « puisqu'il ne peut se sauver lui-
même ! »

orsqu'elle est appelée à devenir mère, il est du devoir des pa-
ents de la mettre en garde contre les écueils de la séduction et
de la prémunir contre les risques de la maternité.

Si cet enfant n'a pas le droit de demander le mariage de ceux qui l'ont créé ; s'il ne peut les obliger à laver ainsi la tache que les préjugés du monde impriment à son nom d'*enfant naturel*, il doit pouvoir au moins, dans certaines circonstances, demander du pain à celui qui est manifestement son père et forcer cet homme égoïste à remplir les obligations de la paternité.

« En équité, a dit un jurisconsulte, les enfants naturels devraient être légalement, et sous tous les rapports, assimilés aux enfants légitimes ; ils devraient pouvoir réclamer le même entretien, la même éducation, les mêmes droits de succession ; car les devoirs des parents restent les mêmes, que l'enfant soit né dans le mariage ou hors mariage, et les *devoirs* des parents ne sont-ils pas la mesure du *droit* des enfants ? »

Bien qu'il paraisse en être ainsi en équité, la loi ne peut assimiler absolument l'enfant naturel à l'enfant légitime ; car si tous deux étaient placés complètement sur le pied de l'égalité, l'union libre et illicite, le concubinage, aurait en somme les mêmes effets que l'union indissoluble et légitime : le mariage serait battu en brèche ; les bases de la famille civile seraient ébranlées ! Le législateur ne peut aller aussi loin ; mais il peut, il doit même améliorer, dans une sage limite, la situation sociale et pécuniaire des enfants naturels. — Comment ? D'une part, en leur permettant, dans cer-

18

tains cas, de réclamer l'appui du père, et d'autre part, en augmentant leurs droits successoraux, comme nous le demandions dans un autre ouvrage.

Lors même qu'un fils naturel ne doit pas posséder tous les avantages sociaux dont peut jouir le fils légitime, il est toujours un *enfant*, et à ce titre, il est toujours digne de bienveillance, personnellement. Est-ce l'enfant qui doit être puni ? Évidemment non. Il n'a commis aucune faute, lui ! Si quelqu'un doit être frappé, c'est le père, c'est la mère, si vous voulez, — mais le père surtout, pourquoi ? parce qu'il est ordinairement le principal auteur du mal ; parce que, lorsqu'il a créé un enfant, il reste exempt des angoisses naturelles de l'enfantement, et qu'il doit au moins subvenir aux charges *pécuniaires* de la paternité !

Si l'on veut réduire le nombre des unions illicites et des enfants naturels, ce n'est point en n'accordant aucun avantage à ces malheureux enfants qu'on aura chance d'y arriver !

Que faut-il faire ? Il faut s'attacher à donner aux parents le sentiment de leur *responsabilité* ; il faut leur apprendre « qu'on ne badine pas avec l'amour; » il faut leur faire supporter, selon toute justice, le poids de leur faute et les conséquences de leurs actes. Lorsqu'ils ont accompli l'œuvre de la génération, lorsqu'ils ont donné le jour à un enfant, cet être qu'ils ont librement créé doit rester à leur charge, et non à la charge de leurs concitoyens, à la charge de nous tous, à la charge de la société ! C'est le père, c'est la mère qui sont *obligés* de nourrir et d'élever leurs enfants ! Voilà ce que dit la nature ! Voilà ce que doit dire la loi ! Cette obligation, — la plus naturelle qui soit au monde, — la loi positive doit la sanctionner et la faire exécuter, avec toute la rigueur possible. Voilà ce qu'il faut faire ! Et, dès qu'il en sera ainsi, on verra diminuer le nombre effroyable des *enfants trouvés !*

Aujourd'hui, le mal est profond, nous l'avons démontré. *Caveant consules !* Une réforme législative est absolument nécessaire. Nous avons indiqué dans quel sens la loi française pourrait être complétée. Nous ne reviendrons pas sur tous les détails du double projet que nous avons proposé. Avant de terminer, nous dirons seulement ceci :

En cherchant à résoudre le problème que nous nous sommes posé, nous n'avons point songé à trouver une solution parfaite ; aucune loi humaine ne peut atteindre la perfection absolue, mais toute loi peut être *perfectionnée*. Après avoir mûrement étudié les questions relatives à la séduction et à la paternité, nous avons pensé que nos Codes pouvaient, sur ce chapitre, recevoir d'utiles améliorations ; et, partant, nous avons essayé de formuler des conclusions positives, rationnelles, pratiques, et rédigé, en termes précis, les textes d'une loi complémentaire. Notre désir a été de placer quelques jalons sur le chemin du progrès.

Quel que soit, du reste, le résultat de la réforme proposée, nous n'avons pas la folle prétention d'avoir trouvé une panacée universelle. Le « cancer » social que M. Legouvé a signalé et que nous avons mis à nu, en ouvrant les annales de la Statistique, a — selon nous — diverses causes : il n'a point pour unique origine l'*impunité* des séducteurs. Ce mal tient aussi, n'en doutons pas, aux doctrines matérialistes qui favorisent l'égoïsme et réveillent, chez l'homme, l'instinct des jouissances brutales ; ce mal tient à la corruption qu'engendrent les miasmes d'une littérature malsaine ; ce mal tient encore à l'oubli des devoirs sociaux ; ce mal tient enfin aux passions humaines.

A ces diverses causes il faut opposer divers remèdes. Les idées matérialistes ? elles peuvent être combattues par la religion, par l'enseignement évangélique, par la science largement et noblement entendue, par l'étude approfondie des œuvres divines et de la destinée humaine.

La littérature malsaine ? elle peut être neutralisée par l'influence de l'instruction, par la divulgation des « bons livres, » par la lecture des ouvrages utiles et fortifiants.

L'oubli de la probité sociale ? Il peut être effacé par l'éducation civile et politique des citoyens.

Les passions humaines ? Certes, nul ne peut songer à les supprimer radicalement ; mais la morale peut au moins les réfréner, en montrant les terribles conséquences du vice ; et la loi peut en réprimer les excès, en faisant peser sur la tête des coupables une juste responsabilité. — Voilà seulement où apparaît le rôle du législateur.

Le moraliste peut dire aux hommes : « *Conduisez-vous avec les jeunes filles comme vous voudriez que d'autres se conduisissent avec vos sœurs.* » Le législateur, lui, ne peut décréter la vertu. Mais si des individus ne sont pas assez vertueux pour se bien conduire ; s'ils commettent des actes criminels ; s'ils séduisent des jeunes filles mineures ; s'ils abandonnent leurs enfants, le législateur peut alors intervenir pour frapper les coupables et en même temps pour protéger la faiblesse et l'innocence. Non-seulement il le peut, mais il le doit ! Il doit défendre que l'on nuise à autrui ; il doit empêcher que la force de l'homme ne prime le droit de la femme et le droit de l'enfant !

Oui, nous en sommes profondément convaincu, lorsque la loi française punira la séduction et admettra, dans des circonstances déterminées, la recherche de la paternité, le mal — au lieu de s'accroître chaque année progressivement — restreindra peu à peu l'étendue de ses ravages. La loi, d'accord avec la morale, donnera le sentiment du juste, dissipera ainsi les préjugés, redressera l'opinion et exercera sur la masse de la nation une influence *préventive.* Il y aura moins de séducteurs, — et, par voie de conséquence, la jeunesse sera moins corrompue ; il y aura moins de suicides, moins de prostituées, moins de femmes criminelles, moins d'avortements, moins d'infanticides, moins de naissances illégitimes, moins d'enfants trouvés — et moins d'hommes perdus ! Les mœurs privées, comme les mœurs publiques, ne tarderont pas à s'améliorer, et la France alors pourra mieux accomplir l'œuvre patriotique de sa « régénération ! »

Dans d'autres pays, — en Angleterre, par exemple, et aux Etats-Unis, — les lois, plus sévères que chez nous à l'égard des hommes, ont réagi sur les mœurs : la séduction y cause moins de désordres ; les jeunes filles y sont plus libres et cependant plus respectées. Pourquoi ? parce qu'en proclamant la liberté, les Anglo-Saxons et les Américains ont donné une juste sanction à la *responsabilité individuelle*. C'est ainsi que le législateur peut favoriser le développement des vertus sociales ! C'est ainsi qu'on forme des citoyens ! — La réelle prospérité d'une nation dépend de ses mœurs et de ses lois ; et tous les grands peuples n'ont été grands que lorsqu'ils ont eu la religion du devoir et qu'ils ont su respecter les femmes !

TABLE

———

II. — LE PRÉSENT.

III. — L'AVENIR.

IV. — OBJECTIONS.

www.ingramcontent.com/pod-product-compliance
Lightning Source LLC
Chambersburg PA
CBHW071705200326
41519CB00012BA/2622